ALLEN

Allen Carr est devenu expert-comptable en 1958. S'il s'épanouissait dans sa vie professionnelle, la consommation quotidienne d'une centaine de cigarettes le déprimait. En 1983, après l'échec d'innombrables tentatives pour arrêter de fumer par le seul pouvoir de la volonté, il découvre une méthode dont il fait part dans *La Méthode simple pour en finir avec la cigarette* (Pocket, 2001), best-seller traduit en plus de quarante langues et vendu à plus de 12 millions d'exemplaires dans le monde. Dès lors, ne fumant plus, il s'est consacré aux autres fumeurs. Sa solide notoriété repose sur les résultats spectaculaires de sa méthode. Il est désormais considéré comme l'expert numéro un dans l'assistance aux fumeurs qui souhaitent arrêter la cigarette. Au début, les fumeurs des quatre coins du monde se retrouvaient dans son centre de Londres ; aujourd'hui, son réseau de centres couvre les cinq continents. Plusieurs autres ouvrages fidèles aux principes qui ont fait le succès de sa méthode ont été traduits en français et sont disponibles aux éditions Pocket, notamment *La Méthode simple pour perdre du poids* (2001), *La Méthode simple pour avoir du succès* (2007), *La Méthode simple pour maîtriser sa consommation d'alcool* (2007) ou encore *La Méthode simple pour se libérer de l'addiction au jeu* (2016).
Allen Carr a laissé un héritage durable sous la forme d'un vaste projet éditorial toujours dynamique. Il a également posé les fondations d'un réseau international en pleine expansion de centres pour aider les fumeurs à s'arrêter en appliquant sa célèbre méthode.

Pour plus d'informations sur La Méthode simple d'Allen Carr, en France et dans le monde, rendez-vous sur : www.allencarr.fr

ÉVOLUTION

Des livres pour vous faciliter la vie !

Danièle FESTY
Mes 15 huiles essentielles
Des solutions garanties faciles à faire soi-même : les indispensables pour se soigner vite et bien

Takanori NAGANUMA
Prendre soin de son intestin
La méthode japonaise pour ouvrir les voies de l'intuition, retrouver l'énergie vitale et renouer avec le moi profond

Idriss ABERKANE
Libérez votre cerveau !
Traité de neurosagesse pour changer l'école et la société

Erwann MENTHÉOUR
Et si on arrêtait d'empoisonner nos enfants ?

Sandra AAMODT
Comment maigrir sans régime

Danièle FESTY
Tout vient du ventre (ou presque)
Constipation, diarrhées, brûlures d'estomac, calculs biliaires, candidoses : les conseils santé et bien-être d'une pharmacienne d'officine

Allen CARR
Mon programme pour en finir avec la cigarette

Mon programme pour en finir avec la cigarette

DU MÊME AUTEUR
CHEZ POCKET

* La méthode simple pour en finir avec la cigarette
* La méthode simple pour arrêter de fumer sans prendre de poids. Pour nous les femmes !
* La méthode simple pour aider vos ados à arrêter de fumer
* Arrêter de fumer tout de suite
* La méthode simple illustrée pour en finir avec la cigarette
* Enfin libre ! Arrêter de fumer tout de suite, pour nous les femmes
* Mon programme pour en finir avec la cigarette

* La méthode simple pour perdre du poids
* La méthode simple illustrée pour perdre du poids tout de suite
* La méthode simple pour maîtriser sa consommation d'alcool
* La Méthode simple pour se libérer de l'addiction au jeu

* La méthode simple pour prendre la vie du bon côté

Allen Carr

Mon programme pour en finir avec la cigarette

Traduit de l'anglais
par Véronique Gourdon

POCKET

Titre original :
Your Personal Stop Smoking Plan

À Sue Bolshaw, Colleen Dwyer, Cris Hay,
Sam Carroll, Jenny Rutherford et Jennie Gillian
en reconnaissance de leurs précieuses contributions
au centre Allen Carr Easyway.
Vous êtes les superstars d'EasyWay.

Merci aussi à Tim Glynne-Jones et Nigel Matheson
pour le travail éditorial et de création de ce nouveau projet dynamique
et interactif dans les livres Allen Carr.

ISBN : 978-2-266-28352-6
Dépôt légal : mars 2018

Sommaire

Avant-Propos

Par John Dicey,
Directeur général Monde & Thérapeute Senior
La Méthode simple d'Allen Carr

Pendant près de trente ans, Allen Carr a fumé entre 60 et 100 cigarettes par jour. Pour arrêter, il a essayé presque toutes les méthodes conventionnelles (à l'exception de l'acupuncture) – sans succès. Il a même renoncé à tenter d'arrêter, croyant à l'adage « fumeur un jour, fumeur toujours ». Puis, il a fait une découverte qui l'a incité à essayer à nouveau :

« Je suis passé en une nuit de 100 cigarettes par jour à zéro – sans accès de mauvaise humeur, ni sensation de manque ni dépression. Au contraire, j'ai trouvé la méthode agréable. Je savais que j'étais déjà un non-fumeur, avant même d'avoir éteint ma dernière cigarette, et je n'ai jamais ressenti la moindre envie de fumer depuis. »

Il n'a pas fallu longtemps à Allen Carr pour prendre conscience qu'il avait découvert une méthode permettant à n'importe quel fumeur d'arrêter :

- FACILEMENT, DE FAÇON IMMÉDIATE ET DÉFINITIVE
- SANS AVOIR RECOURS À LA VOLONTÉ OU À DES SUBSTITUTS
- SANS SOUFFRIR DE DÉPRESSION OU DE SYMPTÔMES DE L'ÉTAT DE MANQUE
- SANS PRENDRE DE POIDS

Après avoir fait jouer le rôle de cobayes à ses proches et amis fumeurs, il a quitté son poste très lucratif d'expert-comptable pour créer un centre dans le but d'aider les autres fumeurs à arrêter. « La Méthode simple » était née, et ce fut une telle réussite qu'il y a maintenant des centres Allen Carr dans plus de 150 villes, à travers 50 pays dans le monde. Les best-sellers qui transmettent sa méthode sont désormais traduits en plus de 38 langues, et leur nombre s'accroît chaque année.

Allen Carr a été invité à la 10e Conférence mondiale sur le Tabac et la Santé, organisée en 1998 à Pékin, un honneur dont le médecin le plus éminent serait fier. Sa méthode et sa réputation n'auraient pu recevoir de meilleure recommandation puisqu'il a été le premier expert n'appartenant pas au monde médical à recevoir une telle invitation. La Méthode simple d'Allen Carr est désormais considérée comme l'autorité de référence à l'échelle mondiale pour l'arrêt du tabac et elle a été appliquée avec succès aux problèmes d'alcool, de poids, à la peur de prendre l'avion, à l'addiction au jeu et à l'ensemble des drogues légales et illégales.

Je suis bien conscient que les revendications d'un tel succès peuvent sembler exagérées, ou même extravagantes. Ce fut en tout cas ma réaction lorsque je les ai entendues la première fois. J'ai eu la chance de me rendre dans le centre Allen Carr de Londres en 1997, même si je l'ai fait sous la contrainte. J'avais accepté à la demande de ma femme, après avoir posé une condition : si je fumais encore en sortant du centre, elle cesserait de me demander d'arrêter pendant au moins 12 mois. Personne n'a été plus surpris que moi, à l'exception de ma femme peut-être, que la Méthode Allen Carr me libère de mon addiction alors que je fumais 80 cigarettes par jour.

Cela m'a tellement inspiré que j'ai harcelé Allen Carr et Robin Hayley (qui est désormais président de La Méthode simple d'Allen Carr) pour qu'ils me laissent participer à leur croisade visant à guérir le monde du tabagisme. J'ai eu la chance de parvenir à les convaincre. Être formé par Allen

Carr a été une des expériences les plus enrichissantes de ma vie. Pouvoir le considérer non seulement comme mon coach et mentor, mais aussi comme mon ami, a été un incroyable privilège et un honneur. Grâce à la formation que j'ai reçue d'Allen Carr et de Robin Hayley, j'ai pu traiter plus de 30 000 fumeurs au centre Allen Carr de Londres et je fais partie de l'équipe qui a transmis la méthode d'Allen de Berlin à Bogotá, de la Nouvelle-Zélande à New York, de Sydney à Santiago. Allen m'a confié la tâche de m'assurer que son héritage réalise son plein potentiel, nous avons donc fait évoluer la méthode, passant des vidéos aux DVD, des centres aux applications, des jeux vidéo aux livres audio et aux programmes en ligne, etc. Nous avons encore beaucoup de chemin à parcourir, et ce livre jouera un rôle essentiel.

J'ai l'honneur de pouvoir apporter ma touche éditoriale pour permettre à la méthode d'Allen Carr d'évoluer. Cela nous permet d'aborder des problèmes tels que les cigarettes électroniques qui ont vu le jour ces dernières années, et la consommation de nicotine sous toutes ses formes. S'il vous plaît, accordez-moi votre attention pendant ce court avant-propos – croyez-moi, c'est important, que vous soyez utilisateur de cigarettes électroniques, d'autres produits à base de nicotine ou non. Je vous promets de vous laisser entre les mains expertes d'Allen Carr après cela.

Les cigarettes électroniques et autres...

Que vous fumiez des cigarettes, des cigares, la pipe ou que vous vapotiez (des cigarettes électroniques), que vous portiez des patchs, mâchiez du chewing-gum ou inhaliez de la nicotine – quelle que soit la façon dont vous consommez de la nicotine – CE LIVRE VA VOUS LIBÉRER.

Si vous n'avez jamais vapoté ou eu recours à un substitut nicotinique, vous pourriez penser à tort que cette partie du livre ne s'applique pas à votre cas personnel. Ne faites pas cette erreur ! Le reste de ce livre vous permettra d'arrêter de fumer avec une facilité déconcertante – vous n'aurez plus jamais à souffrir de l'addiction à la nicotine. Mais pour éviter de retomber dans le piège de la nicotine à l'avenir, vous devez le comprendre totalement.

Vous êtes en train d'échapper à la torture de l'addiction à la nicotine, et pas seulement au tabagisme. Si vous entretenez l'idée qu'à l'avenir vous pourriez essayer une cigarette électronique juste pour tenter l'expérience, cela vous exposerait à une rechute. C'est d'autant plus important que les cigarettes électroniques font l'objet d'une promotion acharnée dans tous les médias. Une de nos machines marketing les plus puissantes et influentes redouble d'efforts. Sa cible ? Vous et vos enfants ! Une bouffée de cigarette, de cigare, de pipe, un joint avec du tabac ou n'importe quel substitut nicotinique suffisent à vous faire retomber dans le piège. Comprenez pourquoi vous devez éviter toute forme de nicotine et non seulement vous serez libéré pour toujours, mais vous trouverez incroyablement facile d'arrêter et, plus important, de ne pas reprendre.

Voyons comment les cigarettes électroniques ont pu recevoir le soutien d'une grande partie des organisations de lutte antitabac telles que Action on Smoking and Health au Royaume-Uni.

« Des systèmes d'administration de la nicotine moins dangereux » – comme la cigarette électronique – ont été soutenus dans un premier temps par les établissements médicaux et scientifiques. Mais ils ont rapidement pris conscience, à la fin des années 1990 et au début des années 2000, que les substituts nicotiniques ne permettaient pas de faire baisser le taux de tabagisme. L'ironie, c'est que les individus qui ont fait ce constat sont également ceux qui étaient responsables de la conception et de la mise en œuvre des programmes de substituts nicotiniques.

Après l'échec de la politique visant à employer la nicotine pour guérir l'addiction à la nicotine, ils ont conclu que les usagers de la nicotine n'obtenaient pas de dose suffisante ou assez fréquente via les substituts et que les patches ou les chewing-gums à base de nicotine ne délivraient pas la substance de façon assez efficace.

La création de la stratégie de réduction des risques est donc née de l'échec spectaculaire des organismes de lutte contre le tabagisme à aider les fumeurs à arrêter de fumer à l'aide des programmes de substituts nicotiniques qu'ils ont eux-mêmes conçus et soutenus pendant deux décennies. De façon opportune pour l'industrie pharmaceutique et ceux qui ont des intérêts connexes, la réduction des risques n'implique pas nécessairement l'arrêt de consommation de la substance par la personne qui souffre d'une addiction.

Il est vrai que l'idée d'utiliser des systèmes de délivrance de la nicotine moins dangereux et plus propres a semblé séduisante à un grand nombre de gens. On a pensé que si on parvenait à convertir de façon permanente des fumeurs de cigarettes normales à des cigarettes électroniques moins nocives, des dizaines de millions de vies pourraient être sauvées.

Mais même si cette idée de réduction des risques AVAIT fonctionné, La Méthode simple d'Allen Carr aurait encore eu un immense rôle à jouer pour libérer les gens de leur addiction à la nicotine. Ceux qui ne seraient accros qu'aux seules cigarettes électroniques souffriraient encore d'un grand nombre d'effets indésirables graves, affectant leur vie et celle de leur famille.

Qui bénéficie de l'addiction à la nicotine ?

En 2014, une étude commandée par l'organisme Action on Smoking and Health a indiqué que le coût de santé publique du tabagisme était de 3 milliards de dollars par an, dont un coût de services sociaux pour les fumeurs âgés d'environ 1,1 milliard par an. Quant aux revenus fiscaux du Royaume-Uni liés aux taxes perçues sur la vente de tabac, ils s'élevaient à 18 milliards de dollars en 2013 !

Il n'est pas nécessaire d'avoir un diplôme en comptabilité pour comprendre que les bénéfices liés au tabagisme et à l'addiction à la nicotine s'élèvent à 13,5 milliards de dollars par an. Depuis 1990, les recettes fiscales annuelles liées à la consommation de tabac ont doublé. Et elles sont destinées à aller invariablement dans la même direction : vers le haut !

Les entreprises y gagnent – les gouvernements y perdent

D'après vous, pourquoi de grandes entreprises internationales telles que Microsoft, Vodafone, IBM, Ford, Total, Esso, Pfizer et BMW, pour n'en citer que quelques-unes, font régulièrement appel aux services de *La Méthode simple* d'Allen Carr pour aider leurs employés à arrêter de fumer, tandis que le gouvernement, le ministère de la Santé et le Service national de Santé britanniques ne le font pas ?

Dans le monde des affaires, il est universellement admis qu'un employé qui fume coûtera à son employeur 3 000 dollars de plus par an en perte de productivité et en absentéisme pour des raisons de santé.

Ce seul fait rend nos services intéressants en termes de retour sur investissement pour nos entreprises clientes, sans mentionner les avantages d'un personnel plus heureux et en meilleure santé. Nous offrons en général à nos entreprises clientes les mêmes garanties de remboursement qu'à nos clients particuliers. Si leur employé n'a pas arrêté de fumer à la fin du programme, nous remboursons les frais engagés pour l'employé.

En résumé, ces entreprises économisent une fortune en aidant leurs employés à arrêter de fumer.

Un nombre croissant de compagnies d'assurance à travers le monde qui paient pour que leurs assurés se rendent dans nos centres économisent elles aussi une fortune lorsqu'elles font appel à nos services. Le coût du maintien en bonne santé de leurs assurés est considérablement réduit lorsque ceux-ci cessent de fumer.

Cependant, un individu accro à la nicotine qui se libère de son addiction coûte de l'argent au Trésor public en raison de la perte de recettes fiscales sur la durée de sa vie. C'est l'effet opposé qui se produit lorsque l'employé d'une entreprise ou un assuré se libère de son addiction.

Comprenez-vous dans quelle mesure les gouvernements pourraient n'avoir aucune motivation pour aider les fumeurs, les vapoteurs ou n'importe quelle personne accro à la nicotine à échapper à son addiction ? Bien sûr, aucune des sommes mentionnées ne tient compte du fait que les fumeurs meurent de nombreuses années plus tôt que les autres, allégeant ainsi le poids du budget des retraites.

Au tout début du développement du marché des cigarettes électroniques, les fabricants ont assuré aux instances de contrôle du tabagisme et autres parties intéressées que le marché cible des cigarettes électroniques était les fumeurs existants. Le positionnement marketing et le message étant que les cigarettes électroniques étaient une aide à l'arrêt du tabac.

Ce n'est pas tout à fait ainsi que les choses se sont passées. En 2014, il n'y avait toujours aucun contrôle indiquant qui pouvait les vendre, qui pouvait les acheter et comment on pouvait faire de la publicité sur le produit. Nous sommes revenus à l'époque de *Mad Men*, où on utilise le sexe pour vendre l'esclavage et la dépendance. En fait, en 2014, au Royaume-Uni, une publicité télévisée a montré pour la première fois depuis des décennies un comportement de fumeur – un mannequin séduisant exhalant de la vapeur ressemblant à de la fumée. Les marques qui ont recours à de telles tactiques ciblent à l'évidence tout le monde, et non uniquement les fumeurs. Les créatifs des agences de publicité de Madison Avenue peuvent une fois encore employer l'humour, le sexe et une imagerie chic pour vendre de la dépendance à la nicotine !

Bien sûr, ces publicités visent en premier lieu les jeunes, tout comme les packagings et les arômes. Les cigarettes électroniques sont commercialisées de façon très agressive vis-à-vis des enfants. Les statistiques montrent qu'un nombre croissant d'enfants sont amenés à utiliser des cigarettes électroniques. Une étude de 2014 a confirmé pour la première fois l'augmentation du nombre d'enfants utilisant des cigarettes électroniques, à un âge plus précoce qu'ils ne le feraient avec des cigarettes normales et qu'ils seront plus nombreux à fumer de vraies cigarettes. L'industrie de la nicotine se réjouit, bien sûr. Les gens sont accros plus tôt, ce qui permet de maximiser le revenu généré par chaque usager au cours de sa vie. On peut seulement supposer que le Trésor public réagit de même.

De tout temps, certains jeunes ont essayé de fumer des cigarettes, mais la façon dont les cigarettes électroniques pénètrent insidieusement dans notre vie quotidienne est différente. Cela crée une nouvelle porte d'entrée dans le tabagisme et l'addiction à la nicotine.

Comme on peut acheter des capsules ou du liquide sans nicotine, les jeunes peuvent dire que les cigarettes électroniques qu'ils utilisent n'entraînent pas d'addiction. Qui prouvera le contraire ? Surtout lorsqu'elles ont des arômes tels que chewing-gum, pastèque, barbe à papa, pop-corn ou cheesecake à la cerise ! Qui est visé d'après vous ? Vos enfants !

Bien sûr, très vite, les capsules sans nicotine sont remplacées par celles qui contiennent de la nicotine.

Et comme si rendre des jeunes de douze ans dépendants à la nicotine ne suffisait pas, nous avons mis en garde pendant des années contre l'éventualité que cela ne soit une porte d'entrée vers le véritable tabagisme pour la plupart des jeunes. Les dernières études ont confirmé nos pires craintes.

Vous pouvez imaginer de quelle façon les jeunes se laissent embobiner. Tout d'abord, la pression qui consiste à passer « au vrai truc » existe déjà, mais plus important : aucune cigarette électronique ne délivrera de la nicotine de façon aussi efficace qu'une cigarette. Tous les toxicomanes chercheront le moyen d'avoir plus de drogue en circulation dans le sang plus vite, et il en va de même avec la nicotine. C'est là que les cigarettes entrent en jeu.

Tout cela pour dire que les choses ne se sont pas passées comme les défenseurs de la réduction des risques auraient pu l'espérer. Mais certains pourront s'insurger contre ce que je viens de dire, affirmant que si une telle politique permet de sauver des dizaines de millions de vies, elle peut valoir la peine.

La grande question est donc : les cigarettes électroniques aident-elles les fumeurs à arrêter de fumer ?

En février 2014, La Méthode simple d'Allen Carr a demandé à une société d'analyse de marché de faire une étude sur 1 000 utilisateurs de cigarettes électroniques au Royaume-Uni. L'objectif était de déterminer leur attitude vis-à-vis des cigarettes électroniques et du tabagisme.

Les résultats étaient fondés sur les habitudes des fumeurs et des utilisateurs de cigarettes électroniques parmi ceux qui avaient été usagers de cigarettes électroniques au Royaume-Uni depuis le 1er janvier 2014.

L'étude a indiqué que 84 % des utilisateurs de cigarettes électroniques continuaient à fumer régulièrement des cigarettes, en plus des cigarettes électroniques. Et c'est là que la politique de réduction des risques échoue. Si les fumeurs continuent de fumer – même seulement quelques cigarettes par jour –, le modèle de réduction des risques destiné à sauver des millions de vies est tout simplement inopérant.

Cependant, si vous êtes parmi les rares consommateurs de cigarettes électroniques ou d'autres substituts nicotiniques qui ont réussi à arrêter de fumer tout en restant dépendants à la nicotine, vous faites partie des exceptions. Pour vous, les avantages de vous libérer totalement de la nicotine demeurent incontestables – après tout, n'est-ce pas pour cela que vous lisez ce livre ? Alors, s'il vous plaît, ne soyez pas offensé lorsque nous affirmons que la grande majorité des utilisateurs de cigarettes électroniques continuent de fumer – car c'est la réalité. Tandis que vous restez accro à la nicotine, vous restez vulnérable au tabagisme et aux risques liés à l'addiction. Vous libérer de l'un comme de l'autre n'a pas de prix.

Une nouvelle génération d'accros à la nicotine a été créée via le phénomène des cigarettes électroniques. Et ce qui est tout aussi dévastateur : des fumeurs qui se seraient autrefois abstenus de fumer lorsqu'ils ne pouvaient le faire, par exemple chez eux, dans la voiture avec des enfants ou chez des non-fumeurs, vont maintenant vapoter. Cela veut dire qu'ils consomment désormais plus de nicotine qu'ils ne l'auraient sans doute fait avant l'existence des cigarettes électroniques ; ils fument lorsqu'ils peuvent le faire et vapotent lorsqu'ils ne le peuvent pas.

De plus, combien d'anciens fumeurs qui cessent de fumer par leur seule volonté se retrouvent entraînés dans la spirale de l'addiction à la nicotine en raison de la disponibilité, du marketing et de la publicité effrénée de la cigarette électronique ?

Que doit-on en conclure ?

En résumé, nous sommes en train de créer une nouvelle génération de gens souffrant d'addiction à la nicotine. Les fumeurs existants sont susceptibles d'augmenter leur consommation de nicotine plutôt que de la diminuer (en fumant ET en vapotant). La normalisation nouvelle de l'attitude consistant à fumer se poursuit. De nombreux anciens fumeurs retombent dans l'addiction à la nicotine et le tabagisme. Nous avons peu d'informations sur les effets conjugués du tabagisme et du vapotage à long terme (ou même du vapotage seul), et ceux qui ont des intérêts dans « l'industrie de la nicotine » seront ceux qui détermineront quels sont les effets néfastes de celle-ci (et nous savons comment cela a tourné par le passé).

Il s'agit d'une industrie dont il a été prouvé qu'elle s'était livrée à la fraude à l'échelle mondiale, construite sur des mensonges, la corruption et la suppression de certaines données d'études, ce qui a entraîné la perte de millions de vies. De plus, elle est directement impliquée dans la contrebande mondiale organisée de tabac, le marketing agressif vis-à-vis des enfants dans les pays en voie de développement, et elle prend pour cible les jeunes de façon plus dissimulée dans les autres parties du monde, où le marketing destiné aux enfants est interdit. C'est l'industrie la plus puissante de la planète et cela m'attriste d'admettre qu'elle est en train de gagner « la Guerre de la Nicotine ».

Ni vous ni vos enfants ne voulez être une victime de cette guerre ; c'est pour cela que vous lisez ce livre. Tandis qu'Allen Carr vous guide au fil de son incroyable méthode dans les chapitres suivants, il parle exclusivement de cigarettes, mais, ce faisant, il fait référence à la nicotine sous toutes ses formes.

Continuez de fumer, de vapoter ou de fumer ET de vapoter tandis que vous lirez ce livre ; ne soyez pas tenté de réduire ou de contrôler votre consommation pendant votre lecture. Si vous n'avez pas fumé de cigarettes pendant une longue période, il n'est pas nécessaire de le faire – à la fin du livre, lorsqu'on vous demandera de fumer une dernière cigarette ou cigarette électronique, confirmez simplement mentalement que vous l'avez déjà fait. Dans l'éventualité peu probable où vous auriez vapoté sans fumer pendant une longue période – continuez simplement de vapoter en lisant –, vous pourrez malgré tout établir un lien entre le texte et votre consommation de cigarettes électroniques. S'il vous plaît, assurez-vous de le faire en lisant. Il en va de même si vous utilisez des patchs, des chewing-gums, du tabac à priser ou de la nicotine, sous une forme ou une autre. Lorsque vous en êtes au stade de la dernière cigarette à la fin du livre, fumez simplement votre dernière cigarette électronique ou utilisez le substitut auquel vous êtes habitué.

Il s'agit de la version de La Méthode simple d'Allen Carr la plus récente et la plus avancée. Suivez les instructions d'Allen Carr et non seulement il vous semblera facile d'arrêter, mais de plus vous apprécierez le processus par lequel vous y parviendrez.

Cela peut vous sembler trop beau pour être vrai pour l'instant, mais poursuivez votre lecture. Vous n'avez rien à perdre et absolument tout à gagner. Et à présent, je vous laisse entre de très bonnes mains – celles d'Allen Carr.

- *Vous trouverez des encadrés qui vous permettront de prendre des notes tout au long de votre lecture. Utilisez-les pour mettre par écrit tout ce qui fait écho en vous.*

Notes

La Méthode simple d'Allen Carr

Introduction par Allen Carr

En avez-vous assez des soi-disant experts qui vous racontent toutes les choses horribles qui vont vous arriver si vous n'arrêtez pas de fumer ? Ce que vous voulez, c'est une solution à votre problème de tabagisme. Croyez-moi, je compatis.

Je fumais cent cigarettes par jour et cherchais désespérément à arrêter. Je connaissais très bien l'horrible sensation de sentir ma volonté flancher au moment où ma dernière tentative échouait. J'avais une toux permanente, des maux de tête réguliers et des douleurs dans la poitrine. En résumé, je savais que le tabagisme était en train de me tuer, mais je ne parvenais pas à trouver la force d'arrêter.

Puis, quelqu'un m'a dit que je souffrais d'addiction à la nicotine. Jusque-là, j'avais supposé que le fait de fumer était une habitude dont je n'arrivais pas à me débarrasser parce que je ressentais un manque physique ou mental. Je ne m'étais jamais considéré comme une personne souffrant d'une addiction. Mais entendre ces mots a ouvert la porte de la prison qui se trouvait dans mon esprit.

Cette simple étape qui m'a permis de voir que ma situation fâcheuse était comparable à celle d'un héroïnomane.

Je ne consommais pas cette drogue pour le plaisir ou comme une béquille, comme je l'avais toujours cru, mais pour soulager la sensation de vide et d'insécurité laissée par la dose précédente.

Jusque-là, j'avais toujours cru qu'en arrêtant de fumer, je me priverais d'un plaisir ou d'une béquille. Je voyais à présent que le « plaisir » était une illusion et qu'il n'était rien de plus que le soulagement partiel de la souffrance provoquée par l'état de manque.

J'ai également compris que mon incapacité à arrêter n'était pas due à un défaut ou à une faiblesse personnels. Elle s'expliquait par le fait que j'étais pris dans un piège dont je cherchais à m'échapper avec cela même qui me retenait prisonnier.

La solution était l'évidence même : tout ce que j'avais à faire, c'était de cesser de prendre la drogue. Ce fut une révélation. J'ai arrêté sur-le-champ, sans avoir recours à la volonté et je n'ai plus jamais ressenti le besoin ou le désir de fumer.

En fait, je suis aussitôt allé voir ma femme et lui ai déclaré : « Je vais guérir le monde du tabagisme. »

J'étais impatient de révéler ma découverte aux fumeurs et de les aider à s'échapper de la prison à leur tour. J'ai créé un centre dans ma maison du sud-ouest de Londres et j'ai très vite dû déménager pour de plus grands locaux. J'ai rapidement pris conscience que je ne parviendrais jamais à aider personnellement les millions de fumeurs malheureux qui voulaient arrêter, j'ai donc publié ma méthode dans un livre, *La Méthode simple pour arrêter de fumer*, qui est toujours à ce jour un best-seller mondial.

Avec plus de quinze millions d'exemplaires vendus dans le monde et des centres qui traitent des gens dans plus de 50 pays différents, la conclusion est aussi évidente aujourd'hui qu'elle l'était lorsque j'ai cessé de fumer :

LA MÉTHODE SIMPLE EST EFFICACE !

Je l'ai appelée La Méthode simple parce qu'elle permet d'échapper au piège de la nicotine sans effort, de façon simple et définitive. Contrairement aux autres méthodes, elle ne nécessite aucune volonté et il n'est pas nécessaire d'endurer une période de sevrage très pénible. Tout ce que vous avez à faire est de garder l'esprit ouvert et de vous autoriser à voir clair dans le lavage de cerveau qui est à l'origine du piège.

Tout le monde peut arrêter de fumer avec La Méthode simple, comme le prouvent les recommandations personnelles des millions d'ex-fumeurs heureux qui ont contribué à diffuser la Méthode partout dans le monde. Maintenant, vous avez la chance de pouvoir vous joindre à eux. Vous tenez entre vos mains la clé qui va vous permettre de retrouver la liberté. Continuez de lire, continuez de fumer. Et suivez toutes les instructions.

ALLEN CARR

COMMENT UTILISER CE LIVRE ?

Ceci est le premier livre interactif d'Allen Carr. À l'aide d'un stylo ou d'un crayon sur les pages du livre prévues à cet effet, vous écrivez votre histoire : Comment avez-vous commencé à fumer ? Quelles sont les raisons qui vous poussent à le faire ? Ainsi, vous admettez vos peurs liées à une vie sans tabac. Guidé par le texte et son format interactif, vous serez amené à reconnaître la vérité sur votre tabagisme. Notez vos croyances, aspirations et idées au fil de votre lecture. Si vous suivez soigneusement les instructions, vous mettrez alors un terme à votre histoire avec la cigarette en arrêtant de fumer. Cela peut être difficile à croire pour l'instant, mais s'il vous plaît, poursuivez votre lecture. J'ai de bonnes nouvelles à vous annoncer.

Au fil des ans, nous avons peaufiné et amélioré notre façon d'appliquer La Méthode simple d'Allen Carr.

Néanmoins, les principes de base restent les mêmes. Votre Programme Personnel est destinée à vous aider à arrêter de fumer facilement, sans effort et de façon permanente, tandis que vous jouerez un rôle actif en lisant les pages qui suivent. Dans chaque chapitre, vous trouverez des encadrés interactifs ; en les remplissant, il vous sera plus facile d'ancrer les faits dans votre esprit. À tout moment, vous pouvez vous référer aux résumés situés à la fin de chaque chapitre pour consolider votre compréhension. Lorsque vous parviendrez à la fin du Chapitre 18, « Votre dernière cigarette », vous serez prêt à profiter du reste de votre vie de non-fumeur heureux !
Si vous êtes sceptique, je ne vous en veux pas. Tout ce que je vous demande, c'est de continuer de fumer jusqu'à ce que vous vous sentiez prêt. Vous n'avez rien à perdre et tout à gagner.

1

Pourquoi fumez-vous ?

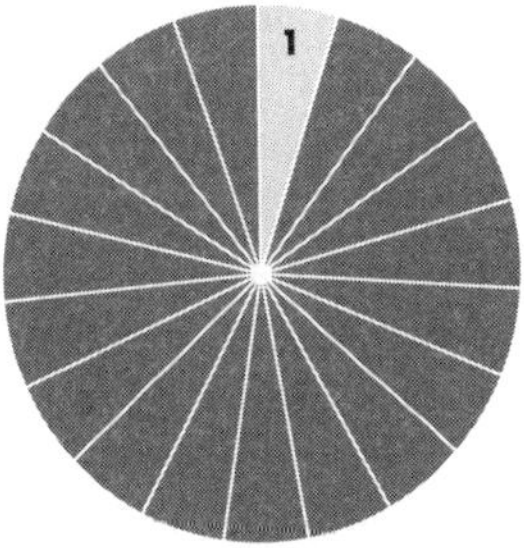

Vous êtes donc fumeur, et vous préféreriez ne pas l'être. Bienvenue au club ! C'est un très grand club. En fait, tous les fumeurs du monde en sont membres. 70 % des fumeurs disent qu'ils préféreraient être non fumeurs ; les autres refusent seulement de l'admettre.

Vous l'avez admis, et c'est une excellente nouvelle. Cela veut dire que vous avez fait le premier pas de votre Programme Personnel pour arrêter de fumer. Ce livre vous indiquera la marche à suivre pour le mener à bien facilement.

Lorsque vous arriverez au terme de ce programme, vous serez immédiatement prêt à profiter du reste de votre vie en tant que non-fumeur. Vous n'aurez pas à endurer une période de sevrage pénible et au lieu de ressentir une sensation de manque, vous éprouverez un merveilleux sentiment de liberté. De plus, vous y parviendrez sans devoir faire appel à votre volonté.

> *« J'ai repris le contrôle de ma vie – non pas grâce à une campagne d'affichage publicitaire destinée à choquer les consciences, mais grâce à John, le thérapeute de La Méthode simple, à Allen Carr et à moi-même. »*
>
> The Irish Times

Je ne vais pas vous ennuyer en vous disant que le tabagisme est la principale cause de mortalité dans le monde, un fléau auquel le corps médical a essayé de remédier pendant des décennies, sans succès. Vous n'avez pas besoin qu'on vous dise que c'est antisocial, que c'est un facteur de stress qui ruine la concentration, entraîne la culpabilité et le mépris de soi, ni que cela pousse les fumeurs à se mentir à eux-mêmes et aux autres et que cela coûte une fortune. Les fumeurs savent déjà que des millions de gens meurent prématurément chaque année à cause du tabagisme, et pourtant ils continuent de fumer.

POURQUOI ?

Comprendre pourquoi vous fumez est la clé pour devenir non fumeur. Il y a de nombreuses raisons pour lesquelles les gens croient fumer, mais en réalité, une seule explique leur tabagisme. À mesure que vous progresserez dans la lecture de ce livre, toutes vos idées fausses sur les raisons pour lesquelles vous fumez s'envoleront, et vous commencerez à voir la vérité. Ceci est votre Programme Personnel pour devenir un non-fumeur heureux pour le reste de votre vie.

UNE MÉTHODE FACILE,
SANS SOUFFRANCE,
DÉFINITIVE

La Méthode simple d'Allen Carr revendique les mêmes choses depuis des décennies et elle est constamment submergée de témoignages de non-fumeurs heureux attestant de la véracité de ces allégations. Vous en trouverez quelques-uns dans ce livre, et lorsque vous serez arrivé à la fin, vous serez prêt à vous joindre à eux.

Comment fonctionne La Méthode ?

À mesure que vous poursuivrez la lecture de ce livre, vous recevrez une série d'instructions. Pour réussir, vous devrez simplement suivre l'ensemble des instructions. C'est aussi simple que cela. Mais il est essentiel que vous ne passiez pas directement à la fin du livre et que vous n'en sautiez aucune partie. Il n'y a aucun mot magique susceptible de vous guérir : vous devez suivre La Méthode simple dans l'ordre, du début à la fin.

Dans certaines parties, il vous sera demandé de prendre des notes. Ne vous inquiétez pas, ce n'est pas un examen et les notes sont réduites au minimum. En étant actif et en apportant votre contribution au programme, vous vous assurez de suivre la méthode et faites en sorte qu'elle fonctionne pour vous.

PREMIÈRE INSTRUCTION : SUIVEZ TOUTES LES INSTRUCTIONS

Certains fumeurs, en prenant connaissance de la première instruction, supposent que le fonctionnement de la méthode repose sur un lavage de cerveau qui les inciterait à penser différemment. C'est en partie vrai : à la fin du livre, vous penserez différemment, mais ce ne sera pas parce que vous aurez subi un lavage de cerveau. C'est le lavage de cerveau qui vous a poussé à fumer en premier lieu et qui vous incite à continuer de le faire. Cette méthode déjoue le lavage de cerveau. En d'autres termes, elle le neutralise.

Elle y parvient en vous faisant passer par une série d'étapes qui vous aident à discerner avec clarté les illusions qui entretiennent votre tabagisme. Pour réussir votre sevrage, tout ce que vous avez à faire, c'est de suivre ces étapes dans l'ordre en continuant de fumer jusqu'à ce qu'il vous soit demandé d'arrêter.

Envisagez cela comme la combinaison d'un coffre. Si vous ne connaissez pas la combinaison, le coffre est presque impossible à ouvrir. Si vous connaissez la combinaison mais que vous la composez dans le désordre, ou que vous oubliez un chiffre, le coffre ne s'ouvrira pas. Mais si vous suivez la combinaison dans l'ordre, dans sa totalité, le coffre s'ouvrira facilement.

Trop beau pour être vrai ?

De nombreux fumeurs trouvent que les allégations de La Méthode simple sont trop belles pour être vraies, surtout lorsqu'ils apprennent qu'ils pourront continuer de fumer tout au long du processus. Ils ne pensent pas qu'il soit possible d'arrêter de fumer sans faire appel à toute leur volonté ni traverser une horrible période de sevrage. Voilà toute l'emprise du tabagisme sur ces fumeurs. Ils considèrent donc ces affirmations avec méfiance. Il y a forcément un piège, non ?

Soyez rassurés, il n'y a aucun piège. Il y a une raison très simple pour laquelle La Méthode simple d'Allen Carr est devenue un succès mondial !

CETTE MÉTHODE EST EFFICACE

En fait, c'est le tabagisme qui vous a pris au piège. Sans en avoir conscience, tous les fumeurs sont victimes de l'abus de confiance le plus ingénieux qui soit. Nous ne parlons pas de la ruse dont fait preuve l'industrie du tabac pour vendre son produit mortel dans le monde entier. Nous parlons du tour que vous joue la nicotine, qui entretient votre tabagisme.

LE PIÈGE DE LA NICOTINE

Pour pouvoir arrêter, vous devez comprendre pourquoi vous fumez. Tout d'abord, examinons ce que vous croyez être les raisons pour lesquelles vous fumez.

« Il est remarquable qu'Allen Carr, qui de son propre aveu n'est pas un professionnel des changements de comportement, ait réussi là où d'innombrables psychologues et psychiatres bardés de diplômes ont échoué, en élaborant une méthode simple et efficace pour arrêter de fumer. »

Dr William Green
Chef du Département psychiatrie
du Mathilda Hospital à Hong Kong

Cochez les cases qui s'appliquent à votre consommation de tabac :

- ☐ **J'aime le goût**
- ☐ **J'apprécie le rituel**
- ☐ **Cela me détend**
- ☐ **Cela m'aide à gérer le stress**
- ☐ **C'est convivial**
- ☐ **Cela m'aide à contrôler mon poids**
- ☐ **Cela m'aide à me concentrer**
- ☐ **Cela me donne confiance en moi**
- ☐ **C'est juste quelque chose que j'ai toujours fait**
- ☐ **C'est une habitude dont je n'arrive pas à me débarrasser**
- ☐ **On ne vit qu'une fois**
- ☐ **J'exerce mon droit de choisir**
- ☐ **Les fumeurs sont plus amusants**
- ☐ **Cela calme mon appétit**

Vous n'avez sans doute pas coché toutes les réponses. Vous avez peut-être même ri en en lisant certaines. Ce sont toutes les réponses avancées par les fumeurs pour expliquer pourquoi ils continuent de fumer.

Quelles que soient les réponses que vous ayez cochées, demandez-vous si on vous a dupé pour vous faire croire qu'elles sont vraies alors qu'elles ne sont rien d'autre que des illusions. Tout ce que je vous demande à ce stade, c'est d'envisager cette possibilité…

L'addiction à la nicotine

Examinons la véritable raison pour laquelle vous fumez. La nicotine est la drogue à action très rapide la plus addictive que nous connaissons. Une seule cigarette suffit à vous rendre accro. À l'état brut, la nicotine est une substance incolore de substance huileuse hautement toxique. Chaque bouffée de cigarette délivre une petite dose de cette drogue qui passe dans la circulation sanguine et atteint le cerveau plus rapidement qu'une injection d'héroïne. Une cigarette délivre une vingtaine de ces doses.

La nicotine quitte votre organisme presque aussi rapidement qu'elle y entre. C'est ce qu'on appelle les symptômes de l'état de manque. Pour votre Programme Personnel, écrivez le nombre de fois par jour où vous fumez des cigarettes, des cigares, des cigarettes électroniques ou autre.

....

C'est le nombre de fois où vous éprouvez les symptômes du manque.

CHAQUE JOUR

En réalité, en tant que fumeur, vous éprouvez les symptômes du manque TOUT LE TEMPS ! Gardez cela à l'esprit pour plus tard, lorsque nous aborderons cette question.

De nombreux fumeurs rient lorsqu'on emploie l'expression « accro à la nicotine ». Ils pensent que c'est un terme exagéré pour une mauvaise habitude. Cela implique qu'ils pourraient arrêter quand bon leur semble. Mais ils ne le font pas. Ou ils essaient, mais échouent.

Repérez la personne accro

Qui classeriez-vous comme accro ?

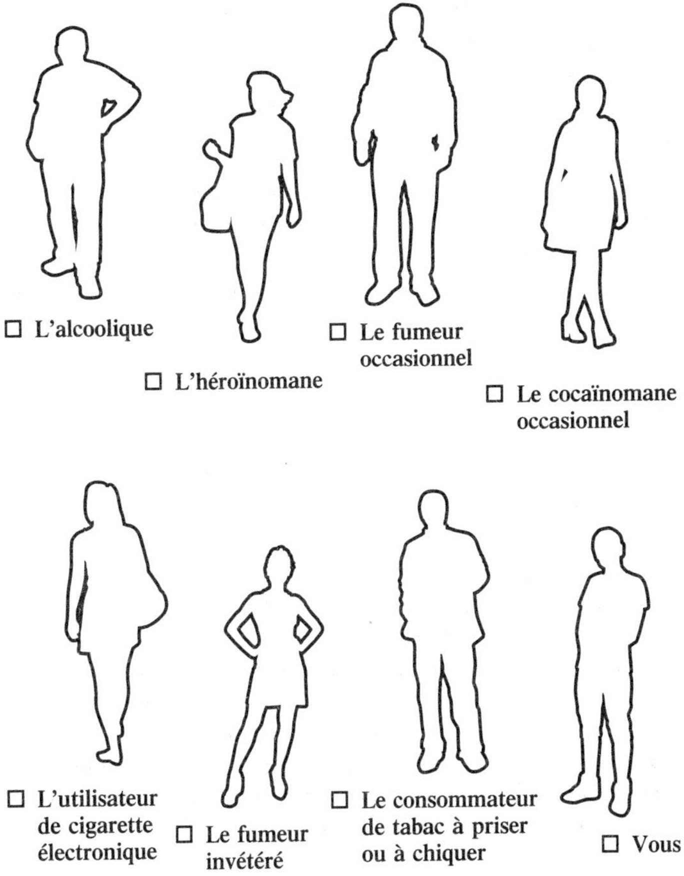

Si vous avez un minimum de compréhension de l'addiction, vous aurez coché toutes les cases. Si vous ne l'avez pas fait, ne vous inquiétez pas. Assurez-vous juste de cocher la case « Vous ». Vous aurez peut-être envie de revenir sur cette page par la suite pour cocher quelques cases supplémentaires.

Que vous apporte la cigarette ?

Abordons la question différemment. Dès que vous allumez une cigarette, qu'espérez-vous y gagner ? Si vous ressentez l'envie de fumer une cigarette maintenant, allumez-en une et notez ce que vous en attendez.

....

....

Certains fumeurs disent chercher dans la cigarette un sentiment de satisfaction ou une atténuation du stress. D'aucuns indiquent qu'il s'agit d'un réconfort, d'un moyen de relaxation ou simplement d'un soulagement. D'autres affirment même qu'ils espèrent que ce sera leur dernière cigarette et qu'ils ne ressentiront plus jamais le besoin de fumer.

La vérité, c'est que personne ne fume pour y gagner quoi que ce soit ; on fume pour se débarrasser de quelque chose – un sentiment de vide et d'insécurité. Le corps ressent le manque de nicotine, et le tabagisme en est la cause et non la solution.

Vous savez ce que l'on ressent lorsqu'une alarme a sonné toute la journée ? Soudain, le bruit s'arrête et on éprouve un extraordinaire sentiment de soulagement. Vous n'avez rien gagné ; vous avez simplement mis un terme à l'irritation provoquée par le bruit. Lorsque vous fumez une cigarette, tout ce que vous faites, c'est soulager le sentiment de vide et d'insécurité provoqué par le manque de nicotine. Très peu de temps après avoir éteint votre cigarette, l'irritation ressurgit.

LE TABAGISME NE CALME PAS L'IRRITATION, IL LA PROVOQUE

Les non-fumeurs ne souffrent pas de ce sentiment. Réfléchissez-y quelques instants. Êtes-vous d'accord avec cette déclaration ?

☐ Oui **☐ Non**

PROPOS DE SARAH, LONDRES (ROYAUME-UNI) :

Je n'ai jamais été une grosse fumeuse. Et je ne me classais certainement pas dans la catégorie des personnes souffrant d'une addiction. Je fumais peut-être dix cigarettes par jour, pour l'essentiel pendant mes pauses-café et au moment des repas. Mais de temps en temps, lorsque je voulais économiser un peu d'argent pour partir en vacances ou autre, j'essayais d'arrêter de fumer pendant un mois ou deux. J'ai découvert que je n'y parvenais jamais. Quelle que soit l'ampleur de mon besoin d'argent, je trouvais toujours une excuse pour continuer de fumer.
Cela m'a déconcertée et frustrée parce que, en général, je suis assez déterminée pour faire tout ce que je veux pour peu que je sois motivée, mais avec les cigarettes, j'avais l'impression de ne pas contrôler la situation. Puis, une de mes amies, qui fumait beaucoup plus que moi, m'a dit qu'elle avait arrêté grâce à Allen Carr. C'est l'explication de l'addiction qui a fait la différence pour moi. Cela m'a fait prendre conscience que je ne fumais pas parce que j'en avais envie, mais parce que je m'étais retrouvée prise au piège. Et une fois que j'ai compris comment le piège fonctionnait, il a été facile d'en voir l'issue. J'ai arrêté très rapidement et je n'ai plus jamais eu envie de fumer depuis.

- Reconnaître que fumer est une addiction est la première étape de votre chemin vers la liberté.
- Tant que vous continuerez de croire que vous contrôlez votre consommation de cigarettes, vous resterez pris au piège.
- Les non-fumeurs ne souffrent pas du malaise que vous éprouvez.

Votre histoire

POUR APPRÉCIER PLEINEMENT VOTRE DESTINATION, VOUS DEVEZ D'ABORD DÉTERMINER OÙ VOUS VOUS SITUEZ MAINTENANT.

Lorsque les gens ont recours aux méthodes conventionnelles pour arrêter de fumer, ils sont bombardés d'informations sur les dangers du tabac et ses effets sur la santé. Il s'agit de faire naître la peur dans l'esprit du fumeur. Et que font les fumeurs lorsqu'ils ont peur ? Ils fument !

En réalité, les fumeurs connaissent déjà les risques liés au tabagisme – nous passons nos vies à faire l'autruche pour ne pas y penser. Je veux que vous cessiez d'utiliser cette information destinée à vous faire peur et que vous notiez simplement là où vous en êtes et comment vous en êtes arrivé là.

Dans ce bref passage, je veux que vous soyez honnête sur votre situation actuelle. L'excellente nouvelle, c'est que vous n'avez rien à craindre. Quelle que soit la description de votre vie de fumeur, soyez assuré que je n'ai que de bonnes nouvelles à vous annoncer. L'issue est à portée de main. Lorsque vous prenez en considération les problèmes de santé et les inconvénients du tabagisme dans cette partie, c'est uniquement pour avoir une trace tangible, comme un arrêt sur image de là où vous en êtes dans votre vie de fumeur. Je veux que vous gardiez ce livre pour le reste de votre vie. Si un jour vous réfléchissez à cette partie ou si vous la réexaminez, je vous promets que cela vous fera sourire, au lieu de provoquer une sensation de peur.

Aucune partie de ce court passage n'est destinée à vous empêcher de fumer ni à vous convaincre du bien-fondé des principes de La Méthode simple. J'ai ajouté des commentaires susceptibles de vous faire réagir en regard des notes que vous prendrez pour établir « Votre histoire ». Je ne m'attends pas à ce que vous les acceptiez, ni même à ce qu'ils parviennent tous à vous convaincre à ce stade. Dans un premier temps, je demande simplement que vous preniez mes commentaires en considération. Sachez que toute question ou tout doute qu'ils peuvent faire naître dans votre esprit auront été traités lorsque vous arriverez à la fin de ce livre. Ceci est le point de départ de votre programme. Pour apprécier pleinement votre destination, vous devez d'abord déterminer où vous vous situez maintenant.

Dans nos centres, nous commençons par considérer l'histoire que chaque personne entretient avec le tabagisme. Il ne s'agit pas de l'histoire de votre vie, juste de votre histoire avec la cigarette : Comment avez-vous commencé ? Comment cela a-t-il évolué ? Pourquoi voulez-vous arrêter ? Pourquoi n'avez-vous pas réussi à cesser de fumer avant ? Cela aide tout le monde d'avoir un tableau précis de sa propre situation et de voir que vous n'êtes pas seul.
Commencez donc par repenser à votre première cigarette. Dans les espaces prévus à cet effet, retracez le récit de votre expérience.

Quand avez-vous fumé votre première cigarette ?

....

Pourquoi l'avez-vous fait ?

....

Avec qui étiez-vous ?

....

Comment avez-vous trouvé le goût et l'odeur ?

....

Comment vous êtes-vous senti en le faisant ?

....

Comment vous êtes-vous senti après ?

....

Qu'est-ce qui vous a poussé à fumer à nouveau ?

....

Dire aux fumeurs que le tabac les tue, qu'il coûte une fortune, contrôle leur vie et que c'est une habitude répugnante ne les aide pas à arrêter. En fait, c'est une perte de temps… les fumeurs le savent déjà et trouvent cela condescendant.

JE SAIS QUE VOUS CONNAISSEZ LES EFFETS DU TABAC SUR LA SANTÉ, MAIS PLUS IMPORTANT, JE SAIS QUE CELA NE VOUS AIDERA PAS À ARRÊTER

Cette partie est donc privée ; elle n'est destinée qu'à vous. Cela permet d'enregistrer là où vous en êtes pour l'instant.

Répondez de façon rapide et honnête, puis n'y pensez plus. Vous pourrez ensuite passer aux choses importantes : comment vous en libérer !

Vous avez déjà indiqué le nombre de cigarettes que vous fumez par jour, passons donc aux raisons pour lesquelles vous voulez arrêter. Réfléchissez-y bien et indiquez-les dans les espaces prévus à cet effet dans les pages suivantes.

MES RAISONS POUR ARRÊTER

Êtes-vous inquiet des éventuels risques pour votre santé ?

☐ Oui **☐ Non**

Si c'est le cas, de quoi avez-vous peur en particulier ?

....

Ne vous inquiétez pas, nous ne nous concentrons pas sur les raisons de santé pour l'arrêt du tabac, même s'il y a beaucoup de bonnes raisons de santé pour arrêter. Peu après avoir arrêté de fumer, vous ressentirez de nombreux bénéfices physiques. La toux, les essoufflements, les maux de tête et les douleurs au niveau du sinus… tous ces troubles que vous considérez comme normaux lorsque vous êtes fumeur disparaissent rapidement lorsque vous arrêtez.

Le corps humain possède une incroyable capacité de récupération et le risque d'une grave menace de santé telle qu'un cancer ou une maladie cardiaque est sensiblement réduit lorsque vous arrêtez de fumer. Peut-être souffrez-vous déjà d'une maladie grave. Si vous pensez que le mal est fait et qu'il est trop tard, réfléchissez-y à deux fois.

IL N'EST JAMAIS TROP TARD
POUR ARRÊTER DE FUMER

Quelques minutes à peine après avoir arrêté de fumer, votre organisme commence son processus d'autoguérison.

Les bénéfices de l'arrêt du tabac sont évidents, mais les informations suivantes peuvent vous intéresser. Il est formidable de savoir qu'il n'est pas nécessaire d'attendre des années pour obtenir des bénéfices de santé après l'arrêt du tabac – ils commencent immédiatement.

20 MINUTES APRÈS AVOIR ARRÊTÉ

Votre tension et votre pouls reviennent à la normale.

Ce que cela signifie :

Une pression artérielle et un pouls élevés fatiguent votre cœur, augmentant ainsi votre risque de crise cardiaque. À la minute où vous arrêtez de fumer, le risque est considérablement réduit.

8 HEURES APRÈS AVOIR ARRÊTÉ

Le taux de monoxyde de carbone de votre sang est réduit par deux.

Ce que cela signifie :

Le monoxyde de carbone issu du tabac peut également créer une altération de la perception du temps, des troubles psychomoteurs et visuels et avoir des effets négatifs sur les facultés cognitives. Réduire le taux de monoxyde de carbone dans votre sang entraînera la diminution de ces problèmes. Le monoxyde de carbone réduit l'alimentation en oxygène de vos poumons – plus il est élevé, moins vous avez d'oxygène. L'oxygène est vital pour le fonctionnement de tous les systèmes énergétiques du corps ; par conséquent, dès que vous réduirez le taux de monoxyde de carbone, vous éprouverez un regain d'énergie.

24 HEURES APRÈS AVOIR ARRÊTÉ

Le monoxyde de carbone est éliminé de l'organisme. Votre risque de crise cardiaque est réduit de moitié.

Ce que cela signifie :

Avoir deux fois moins de risques d'avoir une crise cardiaque c'est très bien, mais vous pouvez aussi vous attendre à une amélioration de vos performances sportives, une meilleure endurance, moins de fatigue, une meilleure récupération après l'effort et un rythme cardiaque plus lent lorsque vous faites de l'exercice.

48 HEURES APRÈS AVOIR ARRÊTÉ

99 % de la nicotine est éliminée de l'organisme.

Ce que cela signifie :

En plus de provoquer une forte accoutumance, la nicotine a un certain nombre d'effets secondaires désagréables sur l'organisme. Elle augmente la pression artérielle et le risque d'attaque. Débarrassez-vous de la nicotine, et vous vous débarrasserez de ces symptômes.

1 MOIS APRÈS AVOIR ARRÊTÉ

L'apparence physique s'améliore – la peau perd sa pâleur grisâtre et devient moins ridée.

Ce que cela signifie :

Vous paraîtrez et vous sentirez bien mieux et les autres ne tarderont pas à remarquer cette amélioration.

ENTRE 2 ET 21 SEMAINES APRÈS AVOIR ARRÊTÉ

La circulation sanguine s'améliore.

Ce que cela signifie :

Une mauvaise circulation entraîne de nombreux problèmes, allant des pieds toujours froids, à une cicatrisation lente de la peau, la maladie de Raynaud et l'artérite des membres inférieurs (AOMI) qui peut même conduire à l'amputation. Arrêter de fumer réduira votre risque lié aux problèmes de circulation.

PLUS DE 21 SEMAINES APRÈS AVOIR ARRÊTÉ

Au fil des ans, vos risques de cancer et de crise cardiaque sont considérablement réduits. Le tabagisme est responsable de 80 % de la mortalité des suites du cancer du poumon.

Ce que cela signifie :

Vous jouirez d'une vie plus longue, plus heureuse et en meilleure santé.

(Source : BUPA)

Êtes-vous inquiet au sujet de l'argent ?

☐ Oui **☐ Non**

Que vous le soyez ou non, travaillons sur ce que vous pouvez gagner en arrêtant. Cela s'applique également au vapotage, au tabac à chiquer, aux patchs et autres substituts nicotiniques. Beaucoup d'accros à la nicotine sous-estiment ce qu'ils dépensent.

1. **Veuillez calculer ce que vous dépensez par jour en nicotine :**
2. **Multipliez-le par 7 pour obtenir votre dépense hebdomadaire en nicotine :**
3. **Multipliez (2) par 52 semaines et notez la réponse pour obtenir votre dépense annuelle :**

Lorsque vous arrêterez, vous bénéficierez de cette somme supplémentaire à dépenser en plaisirs authentiques chaque année.

4. **Maintenant, écrivez le nombre d'années que vous espérez vivre :**

Multipliez (4) par (3) **Total :**

C'est la somme que vous allez dépenser en cigarettes pendant le reste de votre vie si vous n'arrêtez pas.

PENSEZ À TOUT CE QUE VOUS POURRIEZ
FAIRE AVEC TOUT CET ARGENT !

Ne vous méprenez pas sur mon intention. Penser à l'argent ne vous incitera pas à arrêter, mais c'est fantastique de comprendre le bonus que vous pourrez apprécier lorsque vous le ferez.

Le tabac affecte-t-il votre apparence physique et la façon dont les autres perçoivent votre odeur ?

☐ Oui **☐ Non**

Selon vous, laquelle de ces propositions s'applique à votre cas personnel ? Faites une pause, regardez dans le miroir, puis répondez.

☐ Regard terne

☐ Peau terne

☐ Teint gris

☐ Rides autour de la bouche

☐ Dents tachées

☐ Doigts jaunis

☐ Toux ou respiration sifflante lorsque vous courez

☐ Air fatigué

☐ Toux ou respiration sifflante lorsque vous riez

☐ Les autres sentent l'odeur du tabac sur vous

☐ Les autres sentent l'odeur du tabac sur vos cheveux

☐ Les autres sentent l'odeur du tabac à votre domicile

☐ Les autres sentent l'odeur du tabac dans votre voiture

Il est paradoxal que la plupart des fumeurs pensent que fumer leur donne l'air cool, mais dès qu'ils constatent que leurs doigts et leurs dents sont jaunis par le tabac, ils commencent à se sentir gênés. Cela n'améliore pas votre confiance en vous. La mauvaise haleine et l'odeur de tabac froid sur vos vêtements non plus.

Là encore, ne vous méprenez pas sur mes intentions. Ces faits ne vont pas vous aider à arrêter de fumer, mais ils vous apportent un vrai plus lorsque vous le faites. Les effets sur le vieillissement de votre peau s'inversent rapidement lorsque vous arrêtez.

LORSQUE VOUS ARRÊTEZ DE FUMER
VOUS AVEZ DAVANTAGE CONFIANCE EN VOUS

Éprouvez-vous un sentiment de responsabilité vis-à-vis de vos proches ?

☐ Oui ☐ Non

La pression des gens auxquels ils tiennent et qui tiennent à eux pousse de nombreux fumeurs à essayer d'arrêter – ou à prétendre qu'ils l'ont fait. Aucun parent ne souhaite que ses enfants fument ni qu'ils aient peur de perdre leur mère ou leur père à cause du tabagisme. Le sentiment de culpabilité est immense, surtout lorsque vous leur dites que vous avez arrêté et que vous fumez en cachette parce que votre tentative pour arrêter a échoué.

Ce n'est pas une chose qui vous aidera à arrêter, mais le sentiment de liberté que vous éprouvez lorsque vous n'avez plus à mentir ni à vous sentir coupable est un bonus merveilleux lorsque vous avez échappé à l'addiction à la nicotine.

LORSQUE VOUS ARRÊTEZ DE FUMER,
VOUS N'AVEZ PLUS À MENTIR
NI À VOUS SENTIR COUPABLE

Être un fumeur vous ennuie-t-il ?

☐ Oui ☐ Non

Cela peut sembler étrange à beaucoup de fumeurs, mais certains atteignent le stade où ils en ont simplement assez. Ils ne sont pas particulièrement préoccupés par l'argent, ni par les risques pour la santé, ni par leur apparence physique. Ils en ont juste assez d'être fumeurs et veulent être libres.

Vous pensez sans doute qu'arrêter est la chose la plus simple au monde pour eux, non ? Si fumer était un acte volontaire, dès qu'on cesse de l'apprécier, la suite logique voudrait qu'on arrête. Malgré tout, ces personnes ne le font pas. Ou elles essaient de le faire, mais échouent. Cependant, j'ai une bonne nouvelle :

ARRÊTER DE FUMER EST FACILE
LORSQUE VOUS SAVEZ COMMENT FAIRE

En avez-vous assez d'être l'esclave du tabac ?

☐ Oui **☐ Non**

De nombreux fumeurs n'ont pas conscience de l'emprise que le tabagisme exerce sur eux jusqu'à ce qu'ils arrêtent. Mais beaucoup s'en rendent compte et trouvent incroyablement frustrant de revenir sans cesse vers quelque chose qu'ils n'apprécient même pas. En dépit des innombrables raisons logiques susceptibles de les inciter à arrêter, ils s'en sentent incapables, comme s'ils étaient forcés de fumer contre leur gré.

Bien sûr, personne ne vous force à fumer. Personne ne vous braque un revolver sur la tempe en vous disant : « Fume une cigarette maintenant ! » Pourtant, vous avez l'impression de ne pas avoir le choix parce que chaque fois que vous éprouvez ce sentiment de vide et d'insécurité lorsque votre organisme est en manque de nicotine, vous prenez une autre cigarette.

C'est ainsi que fonctionne l'addiction à la nicotine. Elle pousse la personne accro à chercher un soulagement au moyen de ce qui est précisément la cause de son calvaire. Le gigantesque lavage de cerveau auquel nous sommes soumis depuis notre plus jeune âge nous pousse à croire que le tabagisme nous apporte une forme de plaisir ou un soutien. En fait, c'est tout le contraire, mais la nature même de l'addiction nous prend au piège dans une prison dont nous ne voyons aucun moyen de nous échapper, et plus nous essayons de nous en libérer, plus nous nous sentons esclaves.

Vous croyez encore, sans aucun doute, que fumer vous procure un plaisir ou un bénéfice. Ne vous inquiétez pas, j'aborderai cette question d'ici peu.

L'ARRÊT DU TABAC SIGNIFIE
LA FIN DE L'ESCLAVAGE

Ce qui nous amène à la dernière partie de votre histoire personnelle : pourquoi n'avez-vous pas réussi à arrêter de fumer jusqu'ici ? Si vous vous en souvenez, notez le nombre de fois où vous avez tenté d'arrêter de fumer.

....

Maintenant, notez la durée la plus longue pendant laquelle vous avez réussi à arrêter avant de vous remettre à fumer.

....

Et la plus courte.

....

Vos tentatives ont-elles nécessité de la volonté ?

☐ Oui ☐ Non

Avez-vous souffert du manque ?

☐ Oui ☐ Non

Avez-vous eu recours à des substituts, comme des patchs par exemple ?

☐ Oui ☐ Non

Avez-vous éprouvé un sentiment de sacrifice ou de privation ?

☐ Oui ☐ Non

Vous êtes-vous « récompensé » avec d'autres petits plaisirs, comme des bonbons ?

☐ Oui ☐ Non

Avez-vous pris du poids ?

☐ Oui ☐ Non

Êtes-vous devenu plus stressé et irritable ?

☐ Oui ☐ Non

Avez-vous essayé d'être un fumeur occasionnel ?

☐ Oui ☐ Non

Si vous avez répondu oui à n'importe laquelle de ces questions, cela montre une chose :

VOUS N'AVEZ PAS PRIS LE BON CHEMIN

Désolé si cela vous semble un peu abrupt. Je suis sûr que vous avez déployé beaucoup d'efforts. Mais laissez-moi me faire pardonner en vous montrant LE BON CHEMIN.

Rappelez-vous cette affirmation :

Vous pouvez arrêter de fumer facilement, sans souffrance et de façon définitive, sans aucun sentiment de sacrifice ou de privation, et sans devoir endurer une période de sevrage pénible. De plus, cela ne nécessite aucune volonté.

TOUTES LES AUTRES MÉTHODES REPOSENT SUR LA VOLONTÉ. C'EST CE QUE J'APPELLE « LA MÉTHODE FONDÉE SUR LA VOLONTÉ »

Imaginez que vous soyez enfermé dans une cellule munie d'une porte blindée. Vous poussez sur la porte, mais du côté des gonds. Cela vous demande des efforts démesurés pour à peine entrebâiller la porte, et dès que vous êtes à bout de forces, la porte se referme. C'est ce qui se passe lorsque vous essayez d'arrêter de fumer avec la méthode fondée sur la volonté.

En réalité, vous avez besoin que quelqu'un vous dise de pousser de l'autre côté, loin des gonds, de sorte que la porte puisse s'ouvrir facilement. Pour celui qui n'est pas pris au piège, il est très facile de voir comment s'enfuir. Mais lorsque vous êtes dans le piège, celui-ci vous joue un tour très ingénieux, tel un miroir qui renvoie une image inversée de la réalité.

C'EST PRÉCISÉMENT LÀ OÙ VOUS VOUS TROUVEZ : DANS UN PIÈGE QUI PORTE LE NOM D'« ADDICTION À LA NICOTINE »

Il est facile de s'en échapper à condition que vous suiviez toutes les instructions. Tout d'abord, vous devez comprendre la nature du piège.

« Toutes vos excuses vont disparaître. Toutes vos peurs vont s'évanouir. Vous n'aurez littéralement plus aucune raison de fumer. Et vous allez adorer ça. La liberté est une chose merveilleuse. Ne vous devez-vous pas à vous-même d'essayer ? Qu'avez-vous à perdre, en dehors de cette répugnante addiction ? »

Amy, Vancouver, Canada

Votre programme personnel

Tandis que vous approcherez de la fin de ce livre, on vous demandera de jeter un coup d'œil à la dernière page de chaque chapitre et de confirmer que vous avez compris tout ce que vous avez lu. Cochez les cases qui s'appliquent ci-dessous, mais ne cochez pas tout ce avec quoi vous n'êtes pas à l'aise ni la dernière case. Elle est réservée à votre dernier contrôle, à la fin du livre. À ce stade, si vous pensez être passé à côté de quoi que ce soit, revenez en arrière, relisez le chapitre et cochez les cases restantes.

- ☐ Il y a beaucoup d'excellentes raisons d'arrêter de fumer
- ☐ Il n'y a aucune bonne raison de continuer de fumer
- ☐ La seule raison pour laquelle je continue de fumer est l'addiction à la nicotine
- ☐ Tout plaisir ou bénéfice que je pensais tirer du tabac n'était qu'une illusion
- ☐ Le sentiment de vide et d'insécurité provoqué par le manque de nicotine n'est pas soulagé par la cigarette ; elle en est la cause
- ☐ *PREMIÈRE INSTRUCTION : SUIVEZ TOUTES LES INSTRUCTIONS*

DERNIER CONTRÔLE

- ☐ *Tout est clair et bien compris*

Ne cochez pas cette case tant que vous n'en aurez pas reçu l'instruction, au Chapitre 18.

2

Le piège de la nicotine

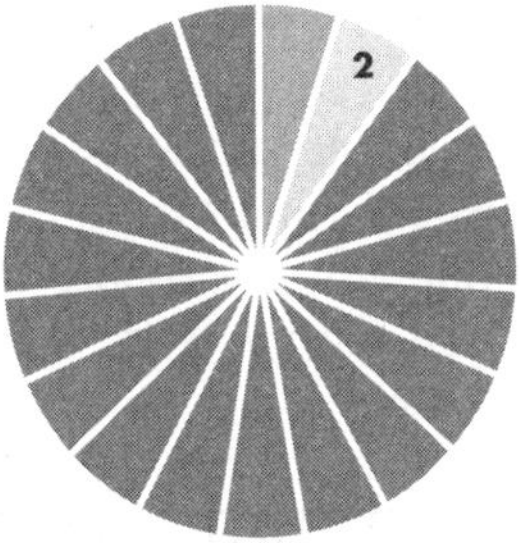

Le piège de la nicotine repose sur une arnaque ingénieuse : la capacité à vous faire croire que votre pire ennemie est votre meilleure amie.

SECONDE INSTRUCTION : GARDEZ L'ESPRIT OUVERT

Si vous vous sentez sceptique, ne vous inquiétez pas. C'est parfaitement normal à ce stade. En fait, il est important que vous remettiez tout en question à mesure que vous poursuivrez votre lecture. Cela inclut tout ce que vous croyez savoir à propos du tabagisme. Ouvrez votre esprit, et la vérité vous sera révélée.

> *« Allen Carr fait voler en éclats le mythe selon lequel il est difficile d'arrêter de fumer. »*
>
> The Times

Personne n'aime l'idée de s'être fait arnaquer. Vous n'êtes pas un imbécile, vous êtes parfaitement capable de distinguer quand quelque chose est bon pour vous et quand ça ne l'est pas. La seule raison pour laquelle vous pouvez vous adonner à quelque chose qui n'est pas bon pour vous, c'est parce que vous en faites le choix, non ?

Certes, il est vrai que personne ne vous force à fumer. C'est toute l'ingéniosité du piège de la nicotine – vous devenez votre propre geôlier. Et le nombre de gens qui se sont laissé prendre au piège montre à lui seul que ce n'est pas une escroquerie ordinaire.

BEAUCOUP DE GENS TRÈS INTELLIGENTS ONT ÉTÉ PORTÉS À CROIRE QU'ILS ONT BESOIN DE CIGARETTES POUR OBTENIR UN PLAISIR OU UN SOUTIEN. TANT QU'ILS CONTINUENT DE LE CROIRE, ILS RESTENT PRISONNIERS DU PIÈGE

Vous n'avez pas besoin que je vous dise que vous avez beaucoup à gagner avec l'arrêt du tabac. Santé, argent, apparence physique, honnêteté, estime de soi – les arguments à l'encontre du tabac sont imparables, et malgré tout, des millions de gens continuent de les ignorer chaque jour.

POURQUOI ?

Le seul moment où nous y pensons, c'est lorsque nous essayons d'arrêter de fumer ; nous tentons de nous en servir comme motivation pour arrêter. Nous nous concentrons sur ce à quoi nous tentons d'échapper : les inconvénients. Mais cela a pour seul effet de nous effrayer – et que font les fumeurs lorsqu'ils ont peur ? Ils fument !

Se concentrer sur les aspects négatifs du tabagisme rend l'arrêt plus difficile, et non plus facile. Alors, ne tenez pas compte des inconvénients pour l'instant, et pensez aux bénéfices de l'arrêt du tabac : voyez-les comme un bonus merveilleux une fois que vous aurez retrouvé la liberté.

SI PENSER AUX INCONVÉNIENTS DU TABAGISME VOUS AIDAIT À ARRÊTER, VOUS SERIEZ DÉJÀ UN NON-FUMEUR

La sécurité de la prison

Il existe un syndrome très courant chez les détenus de longue durée : beaucoup d'entre eux récidivent très rapidement après leur libération. S'ils agissent ainsi, ce n'est pas qu'ils pensent s'en tirer sans être inquiétés, c'est parce que la « sécurité » de la prison leur manque. C'est ce qu'ils connaissent, tandis qu'ils craignent l'univers peu familier de la liberté.

Cela nous aide à comprendre pourquoi un fumeur ayant une toux persistante et qui à l'évidence ne tire aucun plaisir du tabagisme continue de fumer. Cela peut se résumer en un mot :

LA PEUR

En tant que fumeur, vous vous retrouvez dans une lutte acharnée entre deux types de peurs. Vous craignez les effets du tabagisme sur votre santé, mais vous craignez aussi la perspective d'une vie sans ce que vous percevez comme votre petite béquille.

« Comment pourrai-je apprécier les sorties ? »
« Comment vais-je me détendre ? »
« Comment vais-je me concentrer ? »
« Comment vais-je trouver la volonté nécessaire pour arrêter ? »

« Comment vais-je supporter les souffrances liées au sevrage ? »

« Comment vais-je surmonter mon stress ? »

Exercice

La vie en tant que non-fumeur

Prenez quelques minutes pour réfléchir à vos peurs liées à l'arrêt du tabac. Qu'est-ce qui vous manquera, selon vous ? Dressez la liste de vos réponses ci-dessous.

Soyez totalement honnête, à ce stade, il est tout à fait normal de croire que l'arrêt du tabac implique des sacrifices. Peu importe le nombre de choses qui figureront sur votre liste ; qu'il y en ait 1 ou 21, nous devons les examiner de plus près.

1. ....
2. ....
3. ....
4. ....
5. ....
6. ....
7. ....
8. ....
9. . ...
10. ....
11. ....
12. ....
13. ....

14. ....

15. ....

16. ....

17. ....

18. ....

19. ....

20. ....

21. ....

La lutte acharnée contre la peur

Dans la lutte acharnée contre la peur, pourquoi le tabagisme l'emporte-t-il si souvent ? Pourquoi les fumeurs finissent-ils par prendre le risque de l'effet néfaste que le tabac peut avoir sur eux ?

Voici deux réponses :

1. Les fumeurs font l'autruche.
Pour ce qui est des risques de santé associés au tabagisme, ils se disent : « Cela ne m'arrivera pas », tandis qu'ils ne parviennent pas à faire abstraction de leurs craintes liées à une vie sans tabac.

2. Les fumeurs ne font pas le choix de prendre des risques avec le tabac.
Ils sont contraints à continuer de fumer en raison de leur addiction à la nicotine.

La lutte acharnée est engendrée par la croyance erronée selon laquelle le tabagisme aurait des bénéfices, comme vous apporter du plaisir ou un soutien, et qu'arrêter de fumer est incroyablement difficile. Éliminez cette croyance, et la peur d'arrêter disparaît.

EN FAIT, LES DEUX ASPECTS DE LA LUTTE ACHARNÉE SONT PROVOQUÉS PAR UNE SEULE ET MÊME CHOSE : LES CIGARETTES

En réalité, on fume le plus souvent sans y penser. Les fumeurs ne savourent pas chaque bouffée. Le seul moment où nous sommes conscients de fumer est lorsque cela nous empoisonne la vie ou quand nous ne sommes pas autorisés à le faire. Vous parlez d'un plaisir ! Lorsqu'on s'y adonne, soit on n'en a pas conscience, soit on regrette de le faire.

C'EST SEULEMENT LORSQU'ON NE PEUT PAS FUMER QUE CELA NOUS SEMBLE SI PRÉCIEUX

Le lavage de cerveau

D'où viennent donc ces croyances erronées ? Pourquoi pensons-nous que fumer nous procure quelque chose de positif ? Il y a de nombreuses influences qui contribuent à nous faire croire que fumer nous apporte du plaisir ou un soutien. C'est à cause de cette croyance que nous sommes convaincus qu'il est difficile d'arrêter.

Parents
Professionnels de santé
Groupes d'amis
Publicité sur le tabac et placement de produit
Autres fumeurs
Ex-fumeurs
Groupes de lutte antitabac

Les deux derniers de la liste peuvent vous surprendre. Mais la plupart d'entre nous ont rencontré des fumeurs « repentis » impatients de nous raconter la période d'agonie qu'ils ont traversée pour pouvoir arrêter et le défi quotidien auquel ils sont confrontés pour rester non fumeurs. Il est peu probable que vous envisagiez d'arrêter après avoir entendu tout cela. Ces gens réussissent à nous convaincre que nous ne serons jamais libres !

Les groupes de lutte antitabac rabâchent eux aussi en permanence qu'il est difficile d'arrêter et que le sevrage nécessite énormément de volonté et de substituts. Ils perpétuent également le mythe selon lequel le tabagisme est une habitude, un plaisir, un soutien, et que vous concentrer sur ces aspects négatifs vous aidera à arrêter.

C'est l'inverse !

Le piège de la nicotine est comparable à l'escroc qui vole des tuiles sur votre toit, avant de vous proposer de vous les revendre.

Lorsque nous allumons notre première cigarette, nous laissons la nicotine pénétrer dans notre organisme pour la première fois. Lorsque nous écrasons cette cigarette et que la nicotine s'élimine de notre circulation sanguine cela crée une très légère sensation de vide et d'insécurité, qui est à peine perceptible mais suffisante pour vous donner l'impression qu'il vous manque quelque chose. C'est ce sentiment dont les fumeurs cherchent sans cesse à se débarrasser.

NOUS FUMONS POUR NOUS DÉBARRASSER
DU SENTIMENT CRÉÉ PAR
LA PREMIÈRE CIGARETTE

Comme le léger sentiment de malaise est provoqué par le manque de nicotine et puisque fumer permet d'alimenter à nouveau notre organisme en nicotine, la cigarette crée un soulagement temporaire, que nous considérons à tort comme un plaisir.

Mais dès que nous écrasons la cigarette et que la nicotine commence à nouveau à s'éliminer de l'organisme, l'impression de gêne refait surface… et une vie de calvaire commence.

LA CIGARETTE NE SOULAGE PAS
D'UN SENTIMENT DE MALAISE,
ELLE LE PROVOQUE !

Il est indispensable que vous compreniez parfaitement ce point. Comme toutes les autres addictions, le piège de la nicotine agit en faisant croire à ses victimes qu'elles peuvent trouver un soulagement grâce à ce qui est précisément à l'origine de leur calvaire.

Relisez cette page à nouveau jusqu'à ce que ce point soit totalement clair pour vous, puis confirmez-le en cochant cette case : ☐

Nous verrons comment l'illusion de plaisir, de soutien et de soulagement se développe par la suite, mais pour l'instant vous devez simplement comprendre comment elle commence.

La sensation physique

Le manque de nicotine, est-ce si terrible ? Dans le chapitre précédent, à la page 30, vous avez noté combien de fois vous fumez chaque jour. Cela signifie que votre organisme ressent le manque de nicotine le même nombre de fois. Si vous êtes un fumeur à la chaîne, vous ne laissez pas le manque s'installer avant d'allumer une nouvelle cigarette. Mais que se passe-t-il la nuit, lorsque vous dormez ? Êtes-vous à l'agonie à cause des symptômes du manque lorsque vous passez toute une nuit sans fumer ?

La prochaine fois que vous éprouverez le désir de fumer, réfléchissez aux sentiments que vous éprouvez, aussi bien au niveau physique que psychologique.

La sensation physique du manque est si légère que la plupart des fumeurs n'en ont même pas conscience. Ils éprouvent un tiraillement infime, un léger sentiment de vide et d'insécurité qui les incite à penser à leur prochaine cigarette. La Méthode simple appelle ce sentiment :

LE PETIT MONSTRE

Le Petit Monstre est si faible qu'il est presque inexistant. Il ne nous gêne pas lorsque nous dormons parce que nous ne sommes pas conscients. Ce n'est que lorsque nous sommes conscients qu'il devient un problème, parce qu'il éveille un autre monstre – le Grand Monstre – qui vit dans notre esprit.

À un moment donné de votre vie, vous avez peut-être cru aux fées et au Père Noël. Lorsque vous avez découvert qu'ils n'existaient pas, avez-vous pu y croire à nouveau ?

LE GRAND MONSTRE

Votre addiction à la nicotine est à 1 % d'ordre physique et à 99 % d'ordre mental. Et c'est cette part de 99 % qui constitue le Grand Monstre – la partie de votre esprit qui a subi un lavage de cerveau et interprète le minuscule cri du Petit Monstre comme « Je veux une cigarette ». Bien sûr, si vous fumez une cigarette, vous ne faites que nourrir le Petit Monstre.

IL EST FACILE DE TUER LE PETIT MONSTRE

C'est parce que l'addiction au tabac est à 99 % d'ordre psychologique que les patchs et les chewing-gums à la nicotine ne sont pas efficaces. Ils ne s'occupent que de 1 % du problème. Tout ce que vous avez à faire, c'est d'arrêter d'alimenter votre organisme en nicotine, et le Petit Monstre mourra rapidement. C'est en essayant de tuer le Grand

Monstre que les fumeurs qui arrêtent avec la méthode fondée sur la volonté échouent.

Cette méthode ne fait pas appel à la volonté. Le but de La Méthode simple d'Allen Carr est de détruire le Grand Monstre en réduisant à néant le lavage de cerveau qui vous tient prisonnier dans le piège de la nicotine.

Pour échapper à ce piège, vous devez rectifier votre compréhension. C'est une chose que vous pouvez totalement maîtriser. Vous avez le choix. Vous pouvez vous sentir misérable à la pensée que vous ne pourrez plus jamais fumer, ou vous pouvez vous sentir enthousiaste et joyeux face à la perspective de ne plus jamais être forcé de fumer – plus important, vous êtes prêt à trouver cela facile.

TROISIÈME INSTRUCTION : COMMENCEZ PAR UN SENTIMENT D'ENTHOUSIASME ET DE JOIE

Votre programme personnel

J'ai lu et compris les points suivants relatifs à la nature du piège de la nicotine :

- ☐ *SECONDE INSTRUCTION : GARDEZ L'ESPRIT OUVERT*
- ☐ La peur maintient les fumeurs dans le piège
- ☐ C'est seulement lorsque je ne peux pas fumer que la cigarette me semble précieuse
- ☐ Je fume pour soulager le malaise provoqué par la cigarette précédente
- ☐ L'addiction est à 1 % d'ordre physique (le Petit Monstre) et à 99 % d'ordre psychologique (le Grand Monstre)
- ☐ *TROISIÈME INSTRUCTION : COMMENCEZ PAR UN SENTIMENT D'ENTHOUSIASME ET DE JOIE*

DERNIER CONTRÔLE

- ☐ *Tout est clair et bien compris*

Ne cochez pas cette case tant que vous n'en aurez pas reçu l'instruction, au Chapitre 18.

3

Le mythe

Dans ce chapitre, vous apprendrez avec quelle facilité vous pouvez distinguer la vérité de l'illusion lorsque vous êtes confronté à des points de vue contradictoires. Une fois que vous voyez la situation telle qu'elle est réellement, il devient facile d'échapper au piège.

Ne vous inquiétez pas si vous êtes sceptique à ce stade. Le scepticisme est une bonne chose ; cela veut dire que vous remettrez tout en question jusqu'à ce que tout soit clair dans votre esprit.

NOS EXCUSES POUR FUMER CHANGENT SANS CESSE, MAIS LA VÉRITABLE RAISON NE CHANGE PAS

LA VRAIE RAISON POUR LAQUELLE NOUS FUMONS EST D'ESSAYER DE METTRE UN TERME À CE SENTIMENT D'INSÉCURITÉ CRÉÉ PAR LA PREMIÈRE CIGARETTE

LES CIGARETTES SONT À L'ORIGINE DES FRINGALES, ELLES N'Y REMÉDIENT PAS

Dans le premier chapitre, nous avons dressé la liste des raisons courantes invoquées par les fumeurs et nous vous avons demandé de cocher celles qui s'appliquaient à votre cas. Regardez à nouveau cette liste et cochez les propositions avec lesquelles vous êtes toujours d'accord.

- ☐ **J'aime le goût**
- ☐ **J'apprécie le rituel**
- ☐ **Cela me détend**
- ☐ **Cela m'aide à gérer le stress**
- ☐ **C'est convivial**
- ☐ **Cela m'aide à contrôler mon poids**
- ☐ **Cela m'aide à me concentrer**
- ☐ **Cela me donne confiance en moi**
- ☐ **C'est juste quelque chose que j'ai toujours fait**
- ☐ **C'est une habitude dont je n'arrive pas à me débarrasser**
- ☐ **On ne vit qu'une fois**
- ☐ **J'exerce mon droit de choisir**
- ☐ **Les fumeurs sont plus amusants**
- ☐ **Cela calme mon appétit**

Vous avez lu un peu plus de deux chapitres, et vous commencez déjà à remettre en question certaines des cases que vous aviez cochées.

La plupart du temps, nous fumons sans même y penser. Lorsque nous y réfléchissons vraiment, nous commençons à discerner plus clairement les mythes.

PROPOS DE MARK,
GLASGOW (ÉCOSSE)

J'ai commencé à fumer à l'âge de 15 ans et je me souviens de ma première cigarette comme si c'était hier. J'étais avec un camarade de classe qui habitait au coin de la rue et nous étions sur nos vélos. Il a sorti deux cigarettes qu'il avait fauchées à sa mère et en a allumé une. Après avoir essayé de tirer une taffe, il me l'a passée. Je l'ai portée à mes lèvres et je me souviens avoir pris une trop grande inspiration – j'ai passé les cinq minutes suivantes à tousser.
C'était la chose la plus dégoûtante que j'aie jamais goûtée, mais mon ami se moquait de moi et il m'a tendu la cigarette pour que j'essaie à nouveau. Je me suis senti honteux, alors j'ai tiré deux taffes.
La fois suivante où nous avons fait du vélo, il avait apporté un paquet entier et nous nous sommes assis et avons fumé ensemble. Je me suis senti fier de m'habituer au goût et j'ai eu l'impression d'être adulte, imitant les fumeurs que j'avais vus en ôtant la cigarette de ma bouche pour faire tomber la cendre.
En deux semaines, j'avais l'impression d'avoir commencé à en apprécier le goût et lorsque j'allais à des fêtes, je trouvais qu'en fumant j'avais plus d'assurance et j'étais plus détendu. J'ai commencé à acheter mes propres cigarettes, puis j'ai pris conscience du coût de mon nouveau « plaisir ». En dépit de mes nombreuses tentatives pour arrêter, je suis resté fumeur jusqu'à l'âge de 35 ans, au moment de la naissance de mon premier enfant. Je ne voulais pas qu'il respire ces fumées toxiques à cause de moi.
J'ai cherché une méthode pour m'aider à me débarrasser de ce que je considérais comme une « habitude », et j'ai découvert La Méthode simple d'Allen Carr. La première chose qu'ils m'ont dite, c'est que fumer n'est pas une habitude, c'est une addiction. Cela m'a ouvert les yeux et j'ai arrêté après une seule séance au centre.

L'histoire de Mark est très courante. Elle est intéressante car elle montre bien comment notre perception de la cigarette change au fil du temps, en passant par ces différentes étapes :

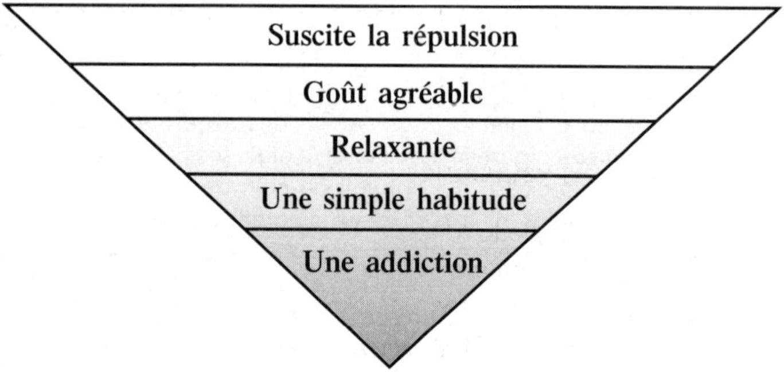

Où vous situez-vous sur cette échelle ?

La perception de la cigarette par le fumeur change, passant de la chose la plus repoussante qui soit à un goût qu'ils ont développé, puis à une chose relaxante, améliorant la confiance en soi, pour devenir ensuite une simple habitude, puis une addiction. Pourtant, la cigarette ne change pas, tout comme la véritable raison pour laquelle le fumeur continue de fumer après ces premières bouffées désagréables :

CELA S'APPELLE L'ADDICTION À LA NICOTINE

> Environ 10 millions d'adultes sont fumeurs au Royaume-Uni : soit 21 % des hommes et 19 % des femmes. Les enfants ont plus de risques de fumer si leurs parents fument et l'attitude des parents envers le tabagisme est un facteur important dans le fait que les jeunes se mettent à fumer ou non.

À partir de la répulsion, le changement de perception du fumeur à mesure qu'il augmente sa consommation est facile à expliquer.

Le goût agréable

La fierté de Mark d'avoir réussi à acquérir le goût de la cigarette était en fait le fruit d'une erreur. Il n'a rien acquis :

il a ignoré ses sens et perdu le mécanisme de protection lui indiquant que le tabac est un poison. Son corps a développé une tolérance au poison, et il a acquis une perte du goût.

Les propriétés relaxantes

La raison pour laquelle Mark s'est senti détendu et confiant en fumant était qu'il ressentait un malaise et une insécurité lorsqu'il ne fumait pas. Ces sensations désagréables étaient provoquées par la précédente cigarette qu'il avait fumée et l'élimination de la nicotine de son organisme. Fumer ne soulage que partiellement cette sensation, il n'aurait donc jamais pu se sentir aussi détendu et confiant qu'il ne l'aurait été s'il avait été non fumeur.

Une simple habitude

Lorsque les fumeurs cessent de dire qu'ils aiment fumer, que cela leur donne confiance en eux et qu'ils énoncent en guise d'excuse « C'est juste une habitude », ils ont atteint le stade où ils sentent que fumer ne leur procure plus le plaisir ou le soutien auxquels ils croyaient autrefois et ils ne comprennent pas pourquoi ils le font encore.

Une addiction

Seules les premières et les dernières perceptions sont justes : fumer est répugnant et la seule raison qui explique que l'on continue est l'addiction à la nicotine. Toutes les autres perceptions sont partie intégrante du mythe créé par le Grand Monstre.

S'il est facile de modifier votre état d'esprit en faveur du tabagisme, il est tout aussi facile de le changer dans l'autre sens… si vous savez comment vous y prendre.

L'instinct contre l'esprit

Cette perte de goût que l'on acquiert est un exemple de la façon dont notre esprit prend le pas sur notre instinct à notre détriment. La plupart des animaux se fient à leur instinct pour survivre et les êtres humains ne sont en rien différents. La peur, la douleur, la faim, la répulsion – voici seulement quatre exemples de réactions inconscientes qui nous aident à éviter les dangers tels que les prédateurs, les blessures, la famine et le poison. Grâce à l'intelligence propre à l'homme, nous avons le pouvoir de raisonner, de rationaliser et de transmettre nos connaissances. Mais elle nous permet aussi de passer outre à notre instinct. La première réaction de Mark à cette première bouffée de cigarette était instinctive. Son corps s'est convulsé afin de tenter de rejeter le poison. S'il avait tenu compte de son instinct, il n'aurait jamais pris une seconde bouffée. Mais son esprit lui a soufflé qu'il avait des raisons de persévérer, et au fil du temps son corps a continué à rejeter le poison, mais il a également développé une tolérance vis-à-vis de celui-ci. De temps à autre, peut-être lorsque nous n'avez pas fumé pendant un moment, avez-vous remarqué à quel point les cigarettes pouvaient vous donner la sensation d'être fatigué et/ou un peu patraque ? Vous est-il déjà venu à l'esprit que c'était parce que votre organisme essayait de rejeter le poison ?

L'intelligence est une chose merveilleuse. Elle donne à l'homme d'innombrables avantages sur le règne animal. Mais si notre intelligence se nourrit de fausses informations, elle peut s'avérer être une force extrêmement destructrice.

LA SOCIÉTÉ PROGRAMME LES GÉNÉRATIONS FUTURES À DEVENIR DES TOXICOMANES

Nous n'avons aucun besoin de fumer avant de tomber dans le piège de la nicotine, mais une fois que nous y sommes tombés, nous sommes confrontés à des situations récurrentes que nous percevons comme déclenchant l'envie de fumer. Ayant été convaincus que fumer aidait à se détendre, se concentrer, délivrer de l'ennui, du stress et à avoir confiance en soi, nous prenons automatiquement une cigarette dans une multitude de circonstances. Bien sûr, nous sentons que la cigarette soulage notre malaise (engendré par le manque de nicotine), et cela nous fait croire à tort qu'elle nous aide à nous détendre, nous concentrer, nous délivrer de l'ennui, du stress et à avoir confiance en nous.

Plus nous en faisons l'expérience, plus cela renforce notre croyance selon laquelle le tabac nous apporte une aide précieuse, d'où le sentiment de soulagement que nous ressentons en allumant une cigarette.

Dissiper une illusion

Notre tâche consiste à remplacer la désinformation relative au tabac – les mythes qui vous poussent encore à cocher certaines des cases de la page 60 – par l'information correcte, et à vous ramener à l'état bienheureux de ne jamais éprouver l'envie ou le besoin d'une cigarette qui était le vôtre avant de devenir fumeur.

Votre seconde instruction était de garder l'esprit ouvert. Nous sommes tellement bombardés par les lavages de cerveau relatifs au tabagisme qu'une simple assertion telle que :

AUCUN FUMEUR N'AIME FUMER

peut sembler être une parole que seul un fou pourrait prononcer. Pendant toute notre vie, nous avons été abreuvés d'images de gens heureux fumant des cigarettes. Mais ouvrez simplement votre esprit à la possibilité que la déclaration ci-dessus soit vraie.

Après tout, que peut-on apprécier ? Le goût infect ? L'odeur atroce ? Les ravages que cela fait sur votre santé et vos finances ?

PERSONNE NE VOUS DEMANDE
D'ACCEPTER D'EMBLÉE TOUT
CE QUI EST AFFIRMÉ DANS CE LIVRE

REMETTEZ-LE EN QUESTION, EXAMINEZ-LE
ET ABORDEZ-LE SOUS TOUS LES ANGLES
JUSQU'À CE QUE VOUS SACHIEZ SANS L'OMBRE
D'UN DOUTE QUE VOUS DISCERNEZ LA VÉRITÉ

Assurez-vous simplement de faire de même avec tout ce que vous pensez savoir au sujet du tabagisme. La vérité ne tardera pas à apparaître, et une fois que vous verrez la réalité en face, vous ne serez plus jamais dupé.

Sur la page suivante, un exercice vous montre à quel point il est facile de changer de point de vue, passant d'une conviction profonde à une autre.

Exercice

Voici quelques figures noires de forme irrégulière. Observez attentivement les formes blanches. Distinguez-vous un message ?

Dans un premier temps, on peut avoir l'impression qu'il s'agit d'une ligne aléatoire de cubes de construction. Si c'est le cas, regardez à nouveau. Cette fois, regardez les formes les yeux mi-clos (à travers vos cils) et vous pourrez voir apparaître un mot. Il peut être utile de reculer légèrement la tête (ou de regarder de côté), puis regardez à nouveau de loin. Vous devriez voir le mot « STOP ».

Le mot n'est pas soudainement apparu ; il était là depuis le départ. Si vous ne le voyiez pas, c'est parce que vous pensiez être en train de regarder une forme noire irrégulière. Après tout, c'est ce qu'on vous avait dit. Vous étiez donc concentré sur le noir et non sur les formes extérieures.

Le piège de la nicotine fonctionne de façon similaire ; il vous pousse à vous concentrer sur l'inverse de la réalité.

Cependant, une fois que vous voyez le mot « STOP », vous serez toujours en mesure de le voir. Le même principe s'applique à la vérité sur le tabagisme.

UNE FOIS QUE VOUS AUREZ PERCÉ
À JOUR L'ILLUSION, VOUS NE SEREZ PLUS
JAMAIS DUPÉ

Qu'y a-t-il de mal à croire à une illusion ?

Si le cerveau peut être amené à croire que fumer apporte un plaisir ou un soutien, est-il important que ce ne soit pas vrai ?

Pensez à l'autruche qui, selon la légende, met la tête dans le sable au premier signe de danger.

Le danger disparaît-il simplement parce que l'autruche ne le voit pas ? Bien sûr que non. Est-il préférable que vous connaissiez la vérité ? Les enjeux sont importants. C'est une question de vie ou de mort. Il est temps que vous sortiez la tête du sable.

Chaque fumeur s'expose à mourir prématurément, ce qui est la conséquence directe de son tabagisme. Il ne s'agit pas seulement d'un raccourcissement de la vie, mais de la dégradation précoce de la QUALITÉ de vie.

En dehors de la peur constante liée à la menace qui pèse sur la santé et les finances, la nature de l'addiction est de précipiter la personne accro dans la spirale de la souffrance. Nous finissons pas nous rendre compte que nous ne sommes que de pathétiques toxicomanes.

LA SEULE CHOSE QUI PUISSE INTERROMPRE LA SPIRALE EST D'ARRÊTER DE PRENDRE LA DROGUE

Notes

Le vide

L'insécurité est un état naturel de l'être humain. Du choc de la naissance à l'incertitude de l'adolescence, jusqu'aux responsabilités de l'âge adulte, nous sommes en proie à un sentiment d'insécurité et de vide qui nous pousse à chercher un réconfort. Soumis au lavage de cerveau les incitant à croire que fumer apporte un réconfort, aide à se détendre et à s'affirmer, la plupart des jeunes se mettent tôt ou tard à fumer.

Tandis que la nicotine s'élimine de l'organisme, un vide nouveau apparaît lorsque nous faisons l'expérience du manque. La seconde cigarette le comble en partie, ce qui provoque un sentiment de satisfaction et de sécurité. Le piège de la nicotine a fait une nouvelle victime. Tout ce que le fumeur « aime », c'est de se sentir comme un non-fumeur. La cigarette supprime simplement le sentiment désagréable provoqué par la première cigarette.

À chaque nouvel état de manque, le vide grandit, de sorte que le fumeur doit prendre des doses de plus en plus importantes pour avoir une impression de soulagement. Il ne prend pas conscience que le seul moyen d'obtenir un soulagement total est d'arrêter de fumer.

Plus nous croyons que la cigarette nous apporte quelque chose, plus nous ressentons la nécessité de fumer. La tendance naturelle est de fumer davantage à mesure que nous prenons de l'âge ; telle est la nature de l'addiction.

Exercice

La prochaine fois que vous fumerez une cigarette, soyez attentif à ce que vous ressentez.

Étiez-vous totalement détendu ?

☐ Oui ☐ Non ☐ Peut-être

Avez-vous ressenti une satisfaction totale ?

☐ Oui ☐ Non ☐ Peut-être

La sensation a-t-elle duré longtemps ?

☐ Oui ☐ Non ☐ Peut-être

Comprenez-vous que vous vous êtes juste débarrassé du malaise provoqué par la cigarette précédente ?

☐ Oui ☐ Non ☐ Peut-être

Comprenez-vous que la cigarette a simplement créé un autre sentiment de malaise et qu'elle a créé un problème au lieu d'en régler un ?

☐ Oui ☐ Non ☐ Peut-être

Le népenthès

La spirale de l'addiction implique un piège ingénieux qui est d'autant plus meurtrier qu'il est subtil. Il est comparable à cette merveille de la nature, le népenthès, cette plante carnivore qui attire les insectes avec le doux parfum de son nectar, puis l'entraîne dans sa cavité mortifère.

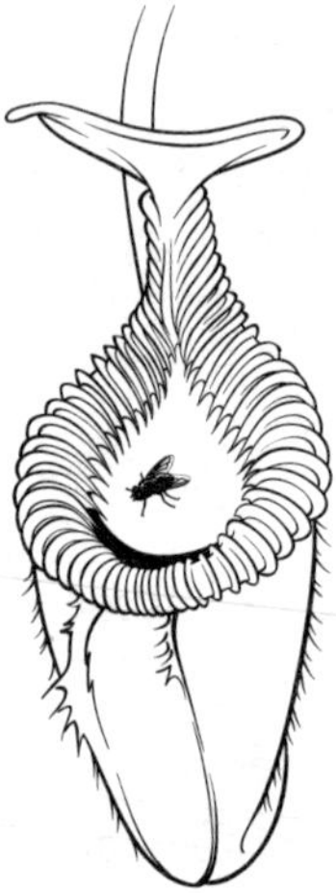

Lorsque la mouche se pose sur la plante pour la première fois, elle n'a aucune idée du danger qui la menace. Elle ne se préoccupe que du doux nectar et sait qu'elle peut s'envoler dès qu'elle le souhaite. Mais pourquoi le voudrait-elle ?

Le nectar est si délicieux. La mouche s'aventure un peu plus profondément dans la plante, consommant de plus en plus de nectar, jusqu'à ce qu'elle se sente glisser à l'intérieur. Elle essaie de remonter vers la lumière, mais elle est si captivée par le nectar qu'elle manque sa chance de s'échapper.

Elle poursuit son festin tandis qu'elle glisse vers l'intérieur puis, trop tard, elle comprend qu'elle est consommée par la plante, et non l'inverse.

Le temps que la mouche se rende compte du problème, il est déjà trop tard. Elle est prise au piège.

Quand avez-vous pris conscience que vous étiez pris au piège ? Il y a une différence importante entre vous et la mouche. La mouche est condamnée. Mais vous pouvez vous échapper. Lisez la suite, je n'ai que de bonnes nouvelles à vous annoncer.

Le leurre qui attire les victimes dans le piège de la nicotine est bien plus subtil que le nectar du népenthès. Il n'est pas suave et délicieux, il a un goût et une odeur infects et provoque une répulsion physique.

Étrangement, lorsque nous sommes jeunes, cela a pour effet de nous convaincre que nous ne serons jamais accros. Vous rappelez-vous avoir pensé cela ?

Nous sommes convaincus que les fumeurs doivent y trouver certains avantages, sinon pourquoi supporteraient-ils ces inconvénients ?

Sans ce lavage de cerveau, tout le monde arrêterait après la première bouffée.

De ce point de vue, le piège de la nicotine est comparable à la plante carnivore. Les fumeurs ne prennent pas conscience qu'ils sont dans un piège – alors que c'est une évidence. Certains fumeurs ne s'en rendent jamais compte.

CE N'EST QUE LORSQUE VOUS ESSAYEZ D'ARRÊTER QUE VOUS VOYEZ QUE VOUS ÊTES DANS UN PIÈGE

IL N'EST JAMAIS TROP TARD POUR VOUS EN ÉCHAPPER

Le piège de la nicotine n'est pas un piège physique mais mental. Personne ne vous garde prisonnier. C'est un des aspects de l'ingéniosité du piège.

Il utilise les mythes qui font de vous votre propre geôlier. Mais c'est aussi sa faiblesse. Vous pouvez vous enfuir dès que vous le décidez. Tout ce que vous avez à faire, c'est de corriger votre perception et le piège s'ouvrira de lui-même.

IL EST FACILE DE VOUS ÉCHAPPER !

Exercice

Essayez de vous voir avec les yeux d'un non-fumeur.

À moins que vous ne soyez accro à l'héroïne, l'idée de vous injecter cette drogue vous saisit sans doute d'horreur. Demandez-vous pourquoi les héroïnomanes éprouvent le désir de se planter une aiguille dans le corps. Il est terrible de les voir en proie à l'état de manque dévastateur, ou d'être le témoin des souffrances et du désespoir d'un toxicomane dans l'attente de son prochain shoot.

Les enviez-vous ? Ou avez-vous pitié d'eux, soulagé de ne pas être en proie aux mêmes tourments et souhaitant pouvoir les aider à voir leur addiction pour ce qu'elle est : une spirale infernale ?

Un non-fumeur vous regarderait à peu près de la même façon.

Tout ce que vous êtes prêt à faire pour nourrir votre addiction ; l'état dans lequel vous vous mettez lorsque vous devez vous en passer ; l'argent que vous gaspillez ; les effets nocifs sur votre santé ; la promesse pathétique d'arrêter qui ne se concrétise jamais ; la soumission à un esclavage abject.

Prenez le temps de vous observer avec les yeux d'un non-fumeur. Soyez honnête. Décrivez la façon dont vous pensez qu'il vous voit… comme une personne contrôlée par une drogue.

....

....

....

Votre programme personnel

J'ai lu et compris les points suivants relatifs aux mythes qui entourent le tabagisme :

- ☐ Le piège de la nicotine pousse les fumeurs à croire ce qui est l'inverse de la vérité
- ☐ Fumer n'est pas un goût que l'on acquiert – c'est une perte du goût que l'on acquiert
- ☐ Fumer ne me rend pas plus détendu et ne me donne pas confiance en moi – l'addiction me donne un sentiment d'insécurité et me rend nerveux
- ☐ La seule chose qui peut interrompre la spirale infernale est d'arrêter de fumer
- ☐ Il n'est jamais trop tard pour y échapper
- ☐ Il est facile de se libérer (ne vous inquiétez pas si vous êtes encore sceptique sur ce point, acceptez simplement la possibilité que cela puisse être vrai)

DERNIER CONTRÔLE

☐ *Tout est clair et bien compris*

Ne cochez pas cette case tant que vous n'en aurez pas reçu l'instruction, au Chapitre 18.

4

Premiers pas vers la liberté

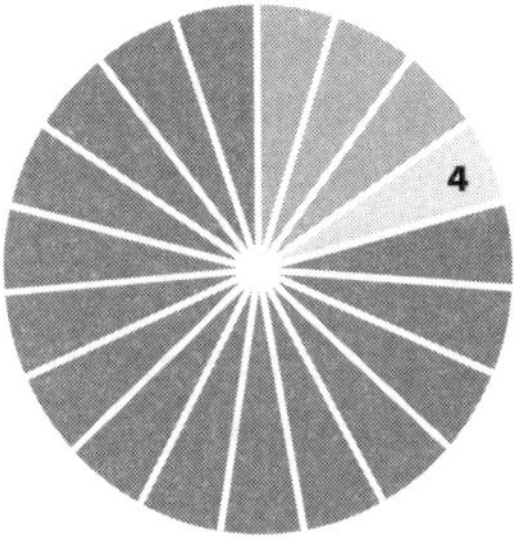

Vous êtes en bonne voie pour devenir un non-fumeur. Il est essentiel que vous perceviez clairement les merveilleux bénéfices dont vous êtes sur le point de profiter et que vous chassiez tous les doutes de votre esprit. Pour provoquer ce nécessaire changement d'état d'esprit, vous devez éliminer le désir de fumer – vous devez tuer le Grand Monstre.

Le Grand Monstre interprète les cris du Petit Monstre comme « Je veux une cigarette ». En fait, il interprète de nombreux autres signaux de la même façon : la faim, la nervosité, la fatigue, l'excitation, le délassement et le stress.

Ce sont tous les signaux instinctifs indiquant que votre corps a besoin de quelque chose de précis : nourriture, détente, sécurité, sommeil, adrénaline, réconfort, lutte ou fuite. Seul un esprit en proie à l'addiction peut interpréter ces signaux comme un besoin de nicotine.

Pendant toute leur vie, les fumeurs souffrent d'un sentiment de vide et d'insécurité provoqué par la nicotine. Les non-fumeurs n'en souffrent jamais et c'est un des grands avantages d'être non fumeur.

Tuer le Grand Monstre est pour vous un impératif, car même une fois que le Petit Monstre est mort, les signaux instinctifs comme la faim, la fatigue, la nervosité, l'excitation, le délassement et le stress continueront d'être envoyés à votre cerveau pour le restant de vos jours. Si le Grand Monstre les interprète toujours comme « Je veux une cigarette », vous serez confronté à deux choix :

Choix 1 : Craquer et vous remettre à fumer, replongeant dans une vie de calvaire.

Choix 2 : Vivre le reste de votre vie en proie aux tourments, ressentant continuellement l'envie d'une cigarette.

Ce sont les deux choix qui s'offrent à vous lorsque vous arrêtez avec la méthode fondée sur la volonté. Mais La Méthode simple vous aide à tuer le Grand Monstre en neutralisant le lavage de cerveau. Vous avez déjà vu de quelle façon le piège de la nicotine crée l'inverse de la réalité. Vous commencez à percer à jour les illusions. Ce sont vos premiers pas vers la liberté.

Exercice

Revenez à la page 60. Y a-t-il certaines réponses que vous souhaiteriez modifier ?

> *« Cela ne m'a demandé aucune volonté. La cigarette ne m'a pas manqué le moins du monde et je remercie Dieu chaque jour d'être libre. »*
>
> Ruby Wax

La différence entre les fumeurs et les non-fumeurs

Pourquoi pensez-vous qu'il est si facile pour les fumeurs de voir la solution évidente pour les héroïnomanes, mais pas pour eux-mêmes ? Pourquoi parvenez-vous à vous voir avec les yeux d'un non-fumeur, à constater les effets du tabagisme sur vous, alors qu'en vous observant avec vos propres yeux, les choses ne sont pas si simples ?

Cela se résume à la différence fondamentale entre un fumeur et un non-fumeur.

LE DÉSIR

Les non-fumeurs ont été soumis au même lavage de cerveau que les fumeurs. Beaucoup de gens qui ont été non fumeurs toute leur vie croient encore au mythe selon lequel fumer apporte un plaisir ou un soutien, mais ils prennent malgré tout la décision de ne pas s'infliger cette première cause de mortalité dans le monde.

Ils y parviennent parce que, contrairement aux fumeurs, leur jugement n'a pas été altéré par l'addiction.

La différence entre les fumeurs et les non-fumeurs est que chez les non-fumeurs le lavage de cerveau n'a pas été renforcé par l'addiction.

BIEN SÛR QUE VOUS VOUS SENTEZ MIEUX APRÈS UNE CIGARETTE, VOUS ÊTES ACCRO À LA NICOTINE !

Mais rappelez-vous, chaque cigarette que vous fumez perpétue le calvaire. Elle ne le soulage pas.

L'objectif de ce livre n'est pas simplement de vous aider à arrêter de fumer. Beaucoup de gens y parviennent avec succès, mais ils replongent par la suite. Notre but est de vous aider à arrêter de façon définitive et, plus important, de nous assurer que vous soyez un NON-FUMEUR HEUREUX.

La plupart des fumeurs concèdent que les arguments contre le tabagisme l'emportent sur les avantages, malgré tout, ils continuent de fumer.

De temps à autre, cette prise de conscience les incite à essayer d'arrêter, mais s'ils le font avec la méthode fondée sur la volonté, ils retombent presque toujours dans le piège, indépendamment des arguments pour ou contre, ils éprouvent toujours le désir de fumer.

CETTE MÉTHODE NE FAIT PAS APPEL À LA RAISON POUR VAINCRE LA TENTATION DE FUMER

ELLE SUPPRIME TOUTE TENTATION

Ce n'est que de cette façon que nous nous assurons que vous deveniez un non-fumeur et que vous le restiez.

DÉFINITIVEMENT

Les non-fumeurs n'ont aucune envie de fumer, et vous non plus avant de faire l'expérience de vos premières cigarettes.

C'est uniquement l'addiction à la nicotine qui engendre le désir de fumer – le Grand Monstre dans votre cerveau qui interprète les minuscules cris du Petit Monstre comme : « Je veux une cigarette. »

Examinons de plus près cette tentation de fumer.

Que vous apporte le tabac ?

Nous avons passé en revue ce que vous pensez que le tabac vous apporte, maintenant examinons les faits, en commençant par :

QUELQUES INCONVÉNIENTS

Crée une très forte accoutumance
Coûte une fortune
Un poison puissant
La principale cause de mortalité dans le monde
Provoque léthargie, difficultés respiratoires et une baisse de l'immunité
Détruit le système nerveux
Diminue le courage, la confiance en soi et la concentration
Provoque des quintes de toux et une respiration sifflante
Goût et odeur infects
Rend la pratique d'un sport difficile et peu attrayante
Tache les dents, les lèvres et les mains
Donne des rides
Donne une mauvaise haleine
A un effet néfaste sur votre peau et votre teint
Provoque un vieillissement prématuré
Encourage les autres membres de la famille à fumer

LES AVANTAGES

C'est exact, fumer ne vous apporte absolument rien.

CELA NE VOUS FAIT MÊME PAS PLANER !

Certains fumeurs ne sont pas d'accord et disent parfois ressentir une sorte de vertige. Ils ne sont pas « défoncés » pour autant ! Cet état est provoqué par le manque d'oxygène et l'empoisonnement. Si vous aimez tant que cela avoir le vertige, alors tournez sur vous-même ! Cela ne coûte pas une fortune, cela ne contrôlera pas votre vie et ne vous tuera pas… mais soyez honnête, ce n'est pas très excitant, n'est-ce pas ?

Pourquoi est-il si facile de voir ce qu'il y a de néfaste dans l'héroïne, et que malgré tout le tabac semble aussi attractif ? La réponse se trouve dans votre salon. La prochaine fois que vous vous installerez pour regarder un film ou une série à la télévision, gardez cette page ouverte et notez chaque fois que vous verrez quelqu'un fumer. Réfléchissez à la façon dont le tabagisme est dépeint : cela renvoie-t-il une image positive ou négative ?

Programme	Positif	Négatif
....	☐	☐
....	☐	☐
....	☐	☐
....	☐	☐
....	☐	☐
....	☐	☐
....	☐	☐
....	☐	☐
....	☐	☐
....	☐	☐

Si vous pensez que la publicité pour le tabac a été interdite, réfléchissez-y à deux fois. La télévision et le cinéma se donnent beaucoup de mal pour perpétuer le mythe selon lequel le tabac vous apporte du plaisir. Le contraste avec lequel l'héroïne est représentée est saisissant.

HÉROÏNE	TABAC
ADDICTION	**COOL**
PAUVRETÉ	**RICHESSE**
SORDIDE	**GLAMOUR**
ESCLAVAGE	**BONHEUR**
MALADIE	**PUISSANCE**
FAIBLESSE	**TÉNACITÉ**
MORT	**COURAGE**

À présent, notez chaque fois que vous verrez un de ces incidents dans un film ou une série à la télévision :

- TOUX DE FUMEUR
- MAINS JAUNIES PAR LA NICOTINE
- DENTS JAUNIES
- UNE HÉROÏNE REFUSANT D'EMBRASSER LE HÉROS À CAUSE DE SA MAUVAISE HALEINE (OU VICE-VERSA)
- UN FUMEUR QUI PANIQUE PARCE QU'IL EST À COURT DE CIGARETTES
- UN PROCHE D'UN FUMEUR QUI S'INQUIÈTE POUR LUI
- LE COMPORTEMENT ET L'HUMEUR D'UN FUMEUR DICTÉS PAR SON ADDICTION
- LE RIRE RAUQUE D'UN FUMEUR

LA VÉRITÉ SUR LE TABAGISME EST RAREMENT REPRÉSENTÉE À L'ÉCRAN

Lorsque vous prenez le temps de prendre des notes sur la façon dont le tabagisme est représenté à l'écran, le parti pris devient évident. Tout comme l'illusion créée avec le mot « STOP » au chapitre précédent, une fois qu'on voit ce qui se passe réellement, cela semble flagrant.

Mais au quotidien, nous ne prenons pas le temps d'analyser ce qu'on nous dit, surtout lorsque cela émane d'une source fiable, comme la télévision ou le corps médical. Nous absorbons simplement l'information, sans réellement la vérifier.

Nous développons donc une perception biaisée du tabagisme – une perception qui nous est présentée par des gens qui ont intérêt à ce que nous continuions de fumer.

Maintenant que vous avez commencé à examiner l'information que vous recevez sur le tabagisme, vous êtes en bonne voie pour discerner les mythes plus clairement et voir la vérité.

Ce changement d'état d'esprit est la clé pour mettre un terme à votre addiction à la nicotine.

Dès que vous pensez au tabagisme, au lieu de vouloir une cigarette et de vous sentir privé parce que vous ne pouvez en avoir une, vous pouvez vous réjouir de savoir que vous êtes libre et n'avez aucun désir de fumer.

Qu'avez-vous à perdre ?

Pour parvenir à l'état d'esprit qui vous libérera du piège de la nicotine, vous devez tuer le Grand Monstre. Dans cet objectif, vous devez d'abord aborder l'allié principal de l'addiction :

LA PEUR

Beaucoup de fumeurs, lorsqu'on leur demande pourquoi ils n'arrêtent pas, répondent qu'ils ont peur de ne pas y parvenir. La peur de l'échec les empêche d'agir.

Réfléchissez-y en toute logique. Si vous essayez d'arrêter, quelle est la pire chose qui puisse arriver ? Vous échouez et vous restez fumeur. Si vous n'essayez pas, c'est l'échec ASSURÉ.

La crainte de l'échec est illogique, puisqu'elle revient à redouter une calamité qui a déjà eu lieu : vous êtes fumeur !

La crainte de l'échec peut être mise à profit. Les acteurs s'en servent pour s'assurer qu'ils connaissent leurs répliques ; les athlètes l'utilisent pour s'entraîner davantage et vous pouvez l'employer pour vous aider à réussir. Utilisez-la pour ouvrir votre esprit à la vérité.

Le fait que les fumeurs aient peur de l'échec lorsqu'ils essaient d'arrêter de fumer prouve qu'ils n'aiment pas être fumeurs et que l'idée de le rester à vie les désespère.

POSITIVEZ !

Vous n'échouerez pas si vous suivez toutes les instructions. Oubliez donc la peur de l'échec et concentrez-vous sur tous les avantages dont vous vous apprêtez à bénéficier en devenant un non-fumeur.

QUATRIÈME INSTRUCTION : NE DOUTEZ JAMAIS DE VOTRE DÉCISION D'ARRÊTER

La peur de réussir

Pourquoi pourrait-on craindre de réussir ? Pour la même raison qu'un détenu de longue durée craint la liberté de la vie à l'extérieur de la prison. Cela dépend de votre perception de la « liberté ».

Pour de nombreux fumeurs, arrêter rime avec une vie de privations et de supplices. Le lavage de cerveau les pousse à croire qu'ils s'apprêtent à faire un terrible sacrifice.

Sans leur petite béquille, la vie sera remplie d'insécurité et ils ne seront jamais capables d'apprécier la vie autant que maintenant.

Ils tentent d'arrêter, en pensant à leur santé et à leur porte-monnaie, mais au fond d'eux ils espèrent déjà échouer.

Soyez assurés que la vie n'est que plus appréciable lorsque vous arrêtez de fumer.

Vous êtes moins stressé, vous gérez mieux les épreuves, vous avez plus d'énergie, vous devenez plus détendu et heureux, vous avez une meilleure opinion de vous-même, votre vie sociale s'améliore – et la liste est loin de s'arrêter là.

POSITIVEZ !

VOUS N'AVEZ ABSOLUMENT RIEN À CRAINDRE
EN ARRÊTANT DE FUMER, SEULEMENT
DE MERVEILLEUSES CHOSES À ATTENDRE

Exercice

Changez votre façon de penser

En guise d'exercice, revenez aux pages 50-51 et rappelez-vous les craintes liées à l'arrêt du tabac que vous avez notées. Considérez chaque point l'un après l'autre et essayez d'imaginer une alternative positive. Par exemple : « J'apprécierai davantage les repas parce que je ne serai pas impatient qu'ils se terminent pour aller fumer une cigarette. »

1 ....

2 ....

3 ....

4 ....

5 ....

6 ....

7 ....

8 ....

9 ....

10 ....

11 ....

12 ....

13 ....

14 ....

15 ....

16 ....

17 ....

18 ....

19 ....

20 ....

21 ....

La peur de réussir est fondée sur notre expérience, et celle des autres fumeurs, liée à l'emploi des mauvaises méthodes pour arrêter de fumer. Commencez à imaginer la vie en tant que non-fumeur sous un jour positif et vous ne tarderez pas à vous sentir très enthousiaste à l'idée de ce que vous êtes sur le point d'accomplir.

Pendant quelques instants, réfléchissez aux avantages que vous avez notés sur la page précédente et laissez vagabonder votre imagination. Réjouissez-vous à l'avance de vous libérer de l'esclavage, de la certitude de savoir que vous ne ressentez plus le besoin d'une cigarette pour apprécier la vie, et n'oubliez pas que le tabac ne vous a jamais aidé à apprécier la vie en premier lieu. Au contraire, il l'a rendue moins agréable.

LORSQUE VOUS ARRÊTEREZ DE FUMER, VOUS DÉCOUVRIREZ QUE LES MAUVAIS MOMENTS DEVIENNENT PLUS FACILES ET LES BONS MOMENTS ENCORE MEILLEURS

La troisième instruction consistait à anticiper l'arrêt du tabac avec un sentiment d'enthousiasme et de joie.

Il est essentiel que vous suiviez cette instruction et que vous mettiez un terme à la sinistrose. Vous êtes sur la voie d'un mode de vie bien plus heureux.

> En moyenne, on estime que chaque cigarette fumée réduit l'espérance de vie de 11 minutes. Le Centre de Contrôle et de Prévention des Maladies estime qu'un homme adulte qui fume perd 13,2 ans de vie et une femme perd 14,5 ans d'espérance de vie à cause du tabagisme.

Mais ces statistiques ne révèlent pas toute l'ampleur du problème. L'impact sur la qualité de vie est tout aussi préoccupant. Le tabagisme a-t-il déjà porté préjudice à votre qualité de vie ? Sentez-vous que votre organisme en paie déjà le prix ? Et cela ne s'améliore pas ; cela ne fait qu'empirer. Mais ces faits ne devraient pas vous effrayer ; ce sont des raisons de vous réjouir. Parce que VOUS SEREZ BIENTÔT LIBRE !

Votre programme personnel

J'ai lu et compris les points suivants relatifs à mes premiers pas vers la liberté :

- ☐ Il est essentiel que j'anéantisse le Grand Monstre qui me pousse à penser que fumer m'apporte un plaisir ou un soutien
- ☐ La différence entre les fumeurs et les non-fumeurs est que les non-fumeurs ne souffrent pas du malaise provoqué par le manque de nicotine
- ☐ Fumer ne m'apporte absolument rien
- ☐ La crainte de l'échec prouve que je déteste l'idée de rester un fumeur pour le restant de mes jours
- ☐ La peur de réussir disparaît lorsque je mets un terme au lavage de cerveau et que je discerne clairement les illusions
- ☐ QUATRIÈME INSTRUCTION : NE JAMAIS DOUTER DE VOTRE DÉCISION D'ARRÊTER

Dernier contrôle

- ☐ *Tout est clair et bien compris*

Ne cochez pas cette case tant que vous n'en aurez pas reçu l'instruction, au Chapitre 18.

5

L'illusion du plaisir

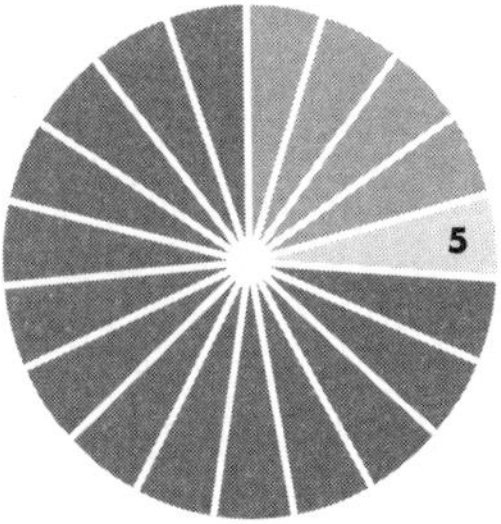

La seconde instruction était de garder un esprit ouvert. Il est important que vous acceptiez que le tabac ne vous apporte absolument rien. Ce sont uniquement l'addiction et le lavage de cerveau qui vous font croire le contraire.

Le soulagement temporaire et partiel des symptômes du manque crée l'illusion du plaisir, mais ce plaisir n'est pas plus réel que celui que l'on éprouve en retirant des chaussures trop petites après avoir marché une journée entière. Porteriez-vous volontairement des chaussures trop petites uniquement pour ressentir ce soulagement ?

De la même façon que personne n'a jamais éprouvé de plaisir à porter des chaussures trop petites,

AUCUN FUMEUR N'A JAMAIS AIMÉ FUMER

Il n'y a aucune raison de vous sentir privé. Vous ne faites aucun sacrifice car vous ne renoncez pas à un véritable plaisir ou soutien.

Approchez !

Imaginez un vendeur bien habillé qui essaierait de vous vendre une potion magique. Cette potion, prétend-il, augmentera votre pouvoir de concentration et vous délivrera de l'ennui. Elle atténuera votre stress et vous aidera à vous détendre. Vous adorerez son goût et son odeur et vous vous réjouirez de la façon dont elle renforcera votre sex-appeal.

Ah, et elle vous aidera aussi à perdre du poids et fera de vous un vrai boute-en-train.

Le croiriez-vous ? Ou le considéreriez-vous comme un charlatan ?

C'est ce que raconte l'industrie du tabac depuis des décennies, et les fumeurs ont tout gobé. Mais vous n'avez pas besoin d'avoir un esprit particulièrement ouvert pour voir qu'il y a quelque chose de douteux dans un produit qui prétend vous aider à vous concentrer, mais aussi à vous déconnecter, vous détendre et être insouciant quelques instants plus tard. En fait, il faut avoir un esprit particulièrement obtus pour ne pas le voir.

LA PANIQUE DE L'ADDICTION FERME VOTRE ESPRIT À LA VÉRITÉ

Lorsque vous percez à jour l'illusion, la panique disparaît. C'est à ce moment-là que vous découvrez ce qu'être réellement détendu signifie.

« Bonjour Mr. Carr ! J'écris quelques mots sur votre livre car c'est ma bible. Je l'emporte toujours avec moi pour me rappeler comment j'étais avant et à quel point je me sens bien aujourd'hui. Merci. »

Heidi Karppinen, Suède

Exercice

Par conséquent, au lieu d'accepter les mythes, examinons de plus près les choses supposées agréables dans le tabagisme.

Le goût

Fumez une cigarette maintenant et concentrez-vous sur la saveur. Rappelez-vous le goût de votre première cigarette. À quel point avez-vous dû persévérer pour l'« apprécier » ? En fait, vous ne vous y êtes pas habitué, vous vous êtes immunisé contre celle-ci. Que pensez-vous de son goût maintenant ?

En avez-vous apprécié le goût ? **☐ Oui** **☐ Non**

L'odeur

Beaucoup de fumeurs croient apprécier l'odeur, pourtant ils ne supportent pas de sentir les cigarettes des autres fumeurs ou le tabac froid. Les non-fumeurs trouvent l'odeur répugnante. Si vous appréciez réellement l'odeur, est-ce une raison suffisante pour continuer de fumer ? Beaucoup de gens aiment l'odeur des roses, mais cela ne les dérangerait pas s'ils ne sentaient plus jamais une rose de toute leur vie.

En avez-vous apprécié l'odeur ? **☐ Oui** **☐ Non**

La répulsion du fumeur novice envers le goût et l'odeur des cigarettes est une réaction instinctive conçue par la nature pour nous protéger du poison. En persévérant, nous passons outre notre instinct et l'organisme réagit par un autre mécanisme de protection : il développe une tolérance.

Par la suite, le goût et l'odeur ne nous inspirent plus une répulsion aussi violente et nous commençons à les associer au « soulagement » du manque de nicotine que nous percevons comme un plaisir.

Cela crée l'illusion que nous aimons le goût et l'odeur du tabac.

Les fumeurs prétendent d'ailleurs souvent que la cigarette fumée après un repas a « meilleur » goût, alors qu'elle est identique aux autres cigarettes du même paquet.

Les cigarettes spéciales

Attachez-vous une valeur spéciale à certaines cigarettes ? ☐ **Oui** ☐ **Non**

La plupart des fumeurs affirment que certaines cigarettes sont plus agréables ou ont un meilleur goût que d'autres. Ce sont leurs cigarettes spéciales, celles qu'ils associent à certains moments de la journée ou à certaines occasions, comme après un repas ou avec un verre d'alcool.

Voici la liste des cigarettes spéciales citées le plus souvent par les fumeurs qui viennent dans nos centres. Cochez celles qui s'appliquent dans votre cas et ajoutez vos autres cigarettes personnelles préférées au bas de la liste.

- La première de la journée
- Avec le café ou le thé du matin
- Après un repas
- Avec un verre d'alcool
- Pendant une pause
- Après avoir fait les magasins
- Après le sport
- Après l'amour

- Autres ....

Maintenant, observez attentivement la liste. Voyez-vous un point commun entre toutes les cigarettes mentionnées ?

Il y a deux facteurs communs qui relient les occasions mentionnées par les fumeurs à des cigarettes spéciales, et aucun d'eux n'a quoi que ce soit à voir avec le goût de la cigarette.

1. Elles succèdent toutes à une période d'abstinence

La raison pour laquelle ces cigarettes semblent particulièrement agréables est que le Petit Monstre est impatient d'avoir sa dose, le soulagement semble donc plus important que d'habitude. Si vous avez été empêché de fumer ou que vous avez repoussé le moment de le faire jusqu'à une heure précise ou l'arrivée dans un lieu donné, le Petit Monstre sera nerveux et le Grand Monstre sera irrité. Ce sentiment de soulagement intense en allumant ces cigarettes n'est rien d'autre que la satisfaction éprouvée lorsque les deux monstres se tiennent tranquilles.

2. Elles coïncident à des situations également appréciées des non-fumeurs

Personne n'associe les cigarettes spéciales aux moments difficiles. La cigarette que vous fumez alors que vous êtes surpris par une violente averse est-elle spéciale ? Et celle que vous fumez juste avant un rendez-vous chez le dentiste ?

Les cigarettes spéciales sont presque toujours associées à des moments qui auraient été agréables même sans cigarette : une pause, un repos, un événement particulier, après l'amour, etc. En tant qu'accro à la nicotine, vous êtes incapable d'apprécier ces moments sans cigarette. Ce n'est pas un argument en faveur du tabagisme ; c'est même le principal argument « contre » celui-ci.

Lorsque vous arrêterez de fumer, vous découvrirez que toutes ces occasions sont en fait PLUS AGRÉABLES SANS CIGARETTE.

Par exemple, imaginez comme vous vous sentiriez bien après une séance de sport, quand vous êtes content de vous pour le travail accompli, si EN PLUS vous vous autocongratuliez de ne pas avoir ruiné votre mine rayonnante en fumant.

PROPOS DE BEN, LONDRES (ROYAUME-UNI)

Je fumais 20 cigarettes par jour, mais il y en avait toujours une que j'appréciais plus que les autres. Je la fumais au pub avec une pinte de bière et je sentais que je me détendais. Dès que j'arrivais à la fin de ma journée de travail, j'attendais cette cigarette avec impatience, mais je n'étais jamais tenté de la fumer avant d'arriver au pub. Cela n'aurait pas été pareil. Si je devais terminer mon travail plus tard, j'attendais de sortir, d'être arrivé au pub, d'avoir commandé une pinte et trouvé un siège. C'était toujours le même pub, toujours la même bière et, si possible, toujours le même siège. Si quelqu'un m'avait pris ma cigarette à cet instant-là, je me serais probablement battu pour la récupérer.
Mais la loi a changé, je n'ai plus été en mesure de fumer à l'intérieur du pub et j'ai dû aller à l'extérieur. Ce n'était plus la même chose. Le fait que cela se soit passé en hiver ne m'a pas aidé, mais tout le scénario auquel j'étais si attaché était fichu. J'ai trouvé cela assez déprimant et j'ai compris que fumer ne m'apportait plus de plaisir. J'ai donc arrêté. Mais cette cigarette préférée me manquait encore.
Environ un mois après avoir arrêté, je passais devant le pub avec un collègue en sortant du travail et il m'a demandé si je voulais aller boire une pinte. Je conduisais donc je ne pouvais pas boire, mais je l'ai accompagné et j'ai commandé un jus d'orange. Tandis que nous nous asseyions en bavardant, j'ai été stupéfait de ressentir la même sensation de détente que j'avais toujours attribuée à la cigarette et à la bière. En fait, c'était encore plus agréable parce que je n'avais pas envie d'une cigarette.

Le stress

La sensation de vide et d'insécurité que l'on ressent lorsque notre organisme est en manque de nicotine est une forme de stress. Lorsque vous lui apportez davantage de nicotine, ce stress est partiellement soulagé. C'est pour cela que les fumeurs croient que la nicotine soulage du stress. En fait, c'est une de ses principales causes. Les non-fumeurs ne souffrent pas de ce stress supplémentaire provoqué par le manque de nicotine ; par conséquent, fumer contribue à votre stress.

STRESS = MANQUE DE NICOTINE
+ « JE VEUX UNE CIGARETTE »

Imaginez un fumeur et un non-fumeur en train de vivre une journée stressante.
Ce sont des gens identiques, qui ont des vies identiques, à l'exception du tabagisme.
Évaluez leur niveau de stress au fil de la journée.

	NON-FUMEUR	FUMEUR
8 h : Ils se disputent avec leur conjoint	Stress 1	Stress 1
9 h 30 : Leur voiture tombe en panne tandis qu'ils se rendent à un entretien d'embauche	Stress 2	Stress 2
10 h 30 : L'entretien les rend nerveux	Stress 3	Stress 3
10 h 35 : « J'AI ENVIE D'UNE CIGARETTE »		Stress 4*

*** Stress additionnel provoqué par le manque de nicotine et l'envie de fumer**

QUI EST LE PLUS STRESSÉ À **10 H 35 ?** Le non-fumeur est au niveau 3 du stress, mais le fumeur est au niveau 4. Le fumeur allume une cigarette mais ne soulage que partiellement le stress lié à l'envie de cigarette. Pourtant, les fumeurs demeurent plus stressés que les non-fumeurs. Le stress lié au tabagisme n'est soulagé que partiellement lorsque les fumeurs allument une cigarette. Il est triste de constater que les fumeurs deviennent convaincus que fumer les aide à gérer leur stress. VOYEZ-VOUS COMMENT FONCTIONNE L'ARNAQUE ?

La mauvaise pente

Tout comme les rats s'immunisent contre la mort-aux-rats, les humains développent une immunité contre les poisons addictifs tels que la nicotine. Cette immunité agit comme une couche de protection, de sorte que la fois suivante où vous prenez du poison, il n'a plus autant d'impact sur vous. Pour obtenir le même effet, vous devez donc augmenter la dose. Cela explique pourquoi les fumeurs augmentent le nombre de cigarettes fumées à partir des premières bouffées désagréables et luttent sans cesse contre l'envie de fumer davantage. Le graphique ci-dessous montre l'évolution de ce déclin. Comme la descente de la mouche dans la plante carnivore, les besoins du fumeur s'accentuent au fil du temps, et plus votre besoin est important, plus vous vous enfoncez. Le graphique présenté ci-dessous illustre l'évolution du bien-être tel que le ressent le fumeur au cours de son existence.

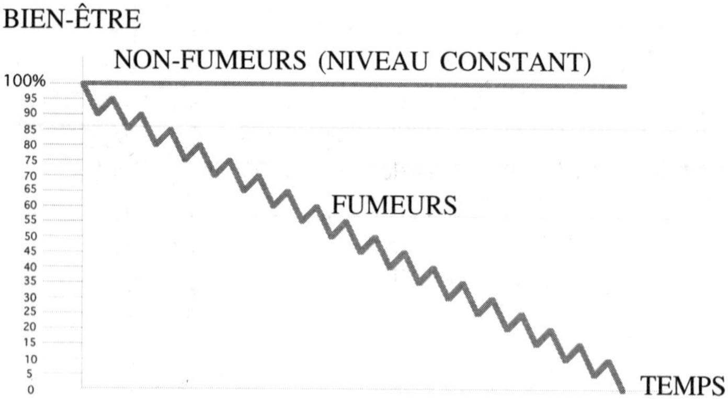

Tout le monde connaît des hauts et des bas dans la vie, mais pour la clarté de l'exposé, nous allons ignorer les aléas de l'existence et nous concentrer exclusivement sur la manière dont le tabagisme influe sur votre bien-être au fil du temps.

Nous allons partir du principe qu'avant que vous ne deveniez accro, votre niveau était de 100 %. Ce niveau signifie que vous n'avez pas de problème. En tant que fumeur, vous vous situez en permanence au-dessous de 100 % – c'est-à-dire au-dessous du niveau de bien-être que vous auriez si vous étiez non fumeur – parce que vous êtes sans cesse en état de manque de nicotine, sans en être conscient car c'est à peine perceptible et vous considérez cet état comme normal. Disons que le Petit Monstre vous ôte 10 % de bien-être et que vous en récupérez 5 % chaque fois que vous allumez une cigarette. Malgré ce petit coup de pouce, vous demeurez au-dessous du niveau des non-fumeurs. Vous vous dites peut-être : « Et alors ? Ces 5 % ne me donnent-ils pas l'impression de me sentir mieux, même si c'est une illusion ? »

Porteriez-vous des chaussures trop petites, simplement pour éprouver un soulagement en les enlevant ? C'est ce que font tous les toxicomanes, en réalité, mais seulement parce qu'ils ne comprennent pas la nature du piège dans lequel ils sont tombés. Plus le temps passe, plus vous vous enfoncez dans le tabagisme, plus votre bien-être diminue, tant sur le plan physique que mental.

Au début, vous ne vous en souciez guère car vous pensez pouvoir arrêter dès que vous le souhaiterez. Mais à mesure que la descente aux enfers se poursuit, des choses terribles commencent à se produire. Vous devenez léthargique et vite essoufflé.

Vous commencez à avoir une respiration sifflante et des quintes de toux. L'ombre du cancer, qui vous semblait si lointaine, plane sur vous et devient de plus en plus menaçante. Vous prenez conscience que vous ne fumez plus uniquement lorsque vous le décidez et que les cigarettes contrôlent désormais votre vie.

Elles vous sont devenues nécessaires et vous dépensez votre argent durement gagné non pour un plaisir authentique ou un soutien, mais parce que vous êtes devenu esclave et exposé à des maladies épouvantables.

Votre niveau de bien-être diminue donc peu à peu, en permanence, et la stimulation que vous ressentez chaque fois que vous allumez une cigarette se réduit dans les mêmes proportions.

La bonne nouvelle, c'est qu'en arrêtant vous retrouverez rapidement le niveau de bien-être que vous auriez toujours connu si vous n'aviez pas allumé votre première cigarette.

Le rituel

Certains fumeurs disent que ce qu'ils adorent dans le fait de fumer, c'est le rituel : l'ouverture du paquet, le tendre aux gens, manier la cigarette, l'allumer… leurs briquets et cendriers préférés.

TOUT CELA EST ABSURDE

Vous ne fumez pas à cause du rituel. Si c'était le cas, pourquoi ne pas y apporter une modification infime mais importante ? Pourquoi ne pas vous abstenir d'allumer la cigarette ? Vous pourriez continuer à vous amuser avec le paquet et le briquet, mais sans porter la cigarette à vos lèvres et sans l'allumer.

Autant dire à quelqu'un qui se rend dans un restaurant chic de ne pas manger la nourriture. Appréciez plutôt le décor, la façon dont la table est dressée, dépliez votre serviette, examinez le menu, discutez de la carte des vins et échangez une plaisanterie avec le serveur. Mais soyons francs, ce pour quoi vous êtes là, en réalité, c'est la nourriture.

Il en va de même pour le fumeur. Oubliez le rituel, si vous fumez, c'est pour avoir votre dose de nicotine. Cela ne diffère en rien des drogués qui s'injectent de l'héroïne. Ils ne le font pas parce qu'ils aiment les injections, mais pour avoir la drogue à laquelle ils sont accros.

Le rituel n'est qu'une tentative de plus pour rendre glamour ce que nous savons être une addiction répugnante, antisociale et mortelle.
Croyez-vous que vous aimez le rituel du tabagisme ?

☐ Oui **☐ Non**

Une habitude

Beaucoup de fumeurs savent que fumer ne leur apporte aucun plaisir, mais ils supposent qu'il doit y avoir un bénéfice caché qui entretient leur envie de fumer. Alors ils haussent les épaules et disent que c'est une habitude.

« C'est juste une habitude que j'ai prise. »

Avez-vous d'autres habitudes ? Si c'est le cas, dressez-en la liste ci-dessous. Il peut s'agir de bonnes habitudes, comme de marcher une demi-heure chaque soir, ou de mauvaises habitudes, comme de vous ronger les ongles. N'incluez rien qui implique une influence extérieure, comme l'alcool, la nourriture ou les autres gens.

....

....

....

....

....

....

....

....

....

....

....

....

À présent, choisissez une ou plusieurs de vos habitudes régulières, et demandez-vous : « Pourrais-je arrêter si ma vie en dépendait ? »

Lorsque nous essayons d'arrêter de fumer en employant la méthode de la volonté, l'« habitude » de fumer peut donner lieu à des moments qui vont déclencher l'envie d'allumer une cigarette. Dans ces moments-là, nous luttons contre cette envie en faisant appel à notre volonté, et en général nous échouons et finissons par fumer.

Avec La Méthode simple, cette même impulsion n'est rien d'autre qu'un merveilleux rappel que vous êtes libre. Comme vous ne ressentez aucune privation, ces moments vous sont agréables et vous n'avez aucune envie de lutter contre eux. Cela vous semble-t-il trop beau pour être vrai ? Lisez la suite.

Les mots « habitude » et « addiction » sont souvent interchangeables dans l'esprit des gens, mais ils sont employés à mauvais escient, ce qui est trompeur. Les habitudes ne sont pas contrôlées par des influences extérieures – c'est vous qui les contrôlez.

Les fumeurs pensent contrôler leur tabagisme et ils pensent pouvoir arrêter et reprendre lorsqu'ils le décident. Comme ils n'y parviennent pas, ils se sentent faibles et idiots.

Ils ne prennent pas conscience qu'ils fument uniquement parce qu'ils sont accros à une drogue addictive.

Le « bénéfice caché » qui, selon eux, entretient leur tabagisme, n'est absolument pas un bénéfice, c'est une illusion

– l'illusion que fumer vous apporte une sorte de plaisir ou de soutien et qu'arrêter est synonyme de souffrance et de sacrifice.

Vous pouvez mettre un terme à une habitude grâce à la volonté.

Avec une addiction, vous n'avez besoin d'aucune volonté, vous avez besoin de comprendre – vous devez comprendre que vous ne contrôlez pas la situation mais que c'est la drogue addictive qui vous contrôle. Elle vous contrôle à travers :

LA PEUR

Et la peur est l'arme principale de :

L'ADDICTION

Remplacez la drogue par la compréhension et vous reprendrez le contrôle.

Fumez-vous par habitude ? **☐ Oui ☐ Non**

Votre programme personnel

J'ai lu et compris les points suivants sur l'illusion du plaisir :

- ☐ Le lien entre le soulagement et l'état de manque de nicotine crée l'illusion que j'aime le goût et l'odeur du tabac
- ☐ Les cigarettes soi-disant « spéciales » semblent précieuses parce qu'elles succèdent à une période d'abstinence et coïncident avec des occasions qui auraient été agréables de toute façon
- ☐ Fumer ne détend pas, c'est la cause principale du stress. Il est important de comprendre comment j'ai été dupé pour m'inciter à croire le contraire
- ☐ La tendance est toujours de fumer plus, et non l'inverse. Tous ceux qui essaient de réduire leur consommation luttent sans cesse contre ce besoin impérieux
- ☐ La seule façon de ne plus avoir envie de fumer est d'arrêter totalement
- ☐ Le rituel du tabagisme n'est qu'une tentative de rendre plus glamour une addiction répugnante. Ce n'est pas pour cela que je fume
- ☐ Fumer n'est pas une habitude, c'est une addiction.

Dernier contrôle

- ☐ *Tout est clair et bien compris*

Ne cochez pas cette case tant que vous n'en aurez pas reçu l'instruction, au Chapitre 18.

6

Pourquoi la volonté ne sert à rien

Beaucoup de fumeurs ont du mal à croire qu'ils peuvent arrêter sans volonté. En réalité, si vous faites appel à votre volonté, vous avez plus de risques d'échouer, comme nous allons l'expliquer dans ce chapitre.

Vous avez sans doute entendu dire : « Tu n'arrêteras jamais de fumer si tu ne le veux pas vraiment », ou quelque chose de ce genre. Cela est souvent interprété, par les fumeurs et les non-fumeurs, comme : vous devez puiser dans vos réserves de volonté pour arrêter.

Mais il y a un moyen bien plus facile :

CHANGEZ VOTRE FAÇON DE PENSER

PRENEZ CONSCIENCE QUE FUMER NE VOUS APPORTE AUCUN PLAISIR OU SOUTIEN ET VOUS POURREZ DEVENIR UN NON-FUMEUR HEUREUX SANS SOUFFRANCE, DE FAÇON IMMÉDIATE ET DÉFINITIVE

La raison pour laquelle les fumeurs pensent qu'arrêter demande une volonté de fer est qu'ils ne sont pas convaincus de réellement le vouloir. Et cela s'explique en partie parce qu'ils pensent que cela leur demandera énormément de volonté.

C'est un autre aspect du mythe du tabagisme, qui est perpétué par tout le monde, des fumeurs invétérés aux militants antitabac. Quel que soit le côté de la barrière où ils se situent, ils s'accordent tous sur une chose : arrêter n'est pas facile.

Ils ont autre chose en commun :

TOUS SE TROMPENT

Si arrêter de fumer était une question de volonté, il faudrait en conclure que si des millions de gens ne parviennent pas à arrêter chaque année, c'est parce qu'ils manquent de volonté. Cela sous-entendrait que la grande majorité des fumeurs n'ont pas de volonté, étant donné que seule une faible minorité de fumeurs ont essayé d'arrêter à un moment de leur vie.

En dehors du fait que ce soit statistiquement improbable, il suffit de regarder quelques fumeurs typiques pour voir que cela n'a pas de sens.

La Méthode simple a aidé des millions de gens qui avaient des professions de premier plan : médecins, avocats, entrepreneurs, acteurs, chanteurs.

Pensez-vous que ces gens en seraient arrivés là où ils en sont s'ils manquaient de volonté ?

Repensez à votre première cigarette : combien d'efforts avez-vous dû fournir pour surmonter votre répulsion avant que le goût et l'odeur ne vous gênent plus ? Et lesquels de vos amis ont commencé à fumer en premier et

vous ont incité à le faire ? Ne s'agissait-il pas de ceux qui avaient le plus d'assurance, les plus dominants ?

Pensez aux très gros fumeurs que vous connaissez. Considérez-vous qu'ils manquent de volonté ? Et que pensez-vous des idoles qui vous ont vendu l'image du tabac en premier lieu ?

LES GENS QUI MANQUENT DE VOLONTÉ N'ONT PAS TENDANCE À DEVENIR DES STARS

Si vous étiez à court de cigarettes au milieu de la nuit, jusqu'où seriez-vous prêt à marcher pour un paquet ? Deux kilomètres ? Quatre kilomètres ? Cela ne demande-t-il pas une certaine volonté ?

Et depuis que le tabac est interdit dans les lieux publics, quelles épreuves avez-vous dû surmonter pour continuer malgré tout ? Une personne dépourvue de volonté se serait avouée vaincue en découvrant qu'elle ne pouvait plus « apprécier » ses cigarettes spéciales dans les bars et les restaurants. La plupart des fumeurs se sont obstinés, sortant dans la rue leur verre à la main – même en plein hiver !

« J'ai simplement arrêté de fumer. Non pas parce que c'est cancérigène, ni parce que ça sent mauvais ou que tout le monde est contre. J'ai arrêté parce que Allen Carr a expliqué pourquoi il est inutile de continuer. Il emploie la logique pure, si logique qu'elle en est magique. Il ne juge et ne critique jamais. Il comprend et explique. »

Victoria Coren, joueuse de poker professionnelle, journaliste et présentatrice de télévision

PROPOS DE DILLY,
HOBOKEN (NEW JERSEY, ÉTATS-UNIS)

J'ai toujours été fière d'avoir la détermination et le courage de m'imposer dans les situations difficiles. Je suis sûre que les gens qui me connaissent diraient que j'ai de la volonté. Je ne mesure qu'un mètre cinquante, mais je compense ma petite taille par ma personnalité. Je ne me laisse pas marcher sur les pieds.

Lorsque j'ai commencé à fumer, j'avais l'impression que cela me rendait plus forte. Je me suis persuadée que j'avais de l'assurance avec une cigarette à la main, comme ces femmes d'affaires qu'on voit dans les films, qui mènent tous les hommes par le bout du nez et dirigent tout d'une main de maître. J'adorais cette image jusqu'au jour où je me suis retrouvée dehors au travail, sous la pluie, à essayer de fumer une cigarette mouillée, et je me suis sentie très bête. Si n'importe quel membre de mon équipe m'avait vue, cela aurait totalement sapé mon autorité.

J'ai donc décidé qu'il était temps d'arrêter, je suis retournée à mon bureau et j'ai jeté mon paquet de cigarettes à la poubelle. J'ai tenu le coup jusqu'au matin suivant. À neuf heures du matin, j'avais acheté un paquet et déjà fumé trois cigarettes. J'ai éprouvé un dégoût de moi-même et j'ai à nouveau jeté mon paquet. Le lendemain matin, j'en ai acheté un autre.

Je ne comprenais pas ce qui ne tournait pas rond chez moi. Pourquoi n'avais-je pas la force d'arrêter et de ne pas reprendre ? Est-ce que je me laissais contrôler par les cigarettes ? Je ne comprenais pas que c'était en fait la force de ma volonté qui me poussait à continuer de fumer.

En dépit de tous les arguments en faveur de l'arrêt du tabac, je n'y croyais pas vraiment. L'idée même d'être non fumeuse me faisait paniquer parce que j'étais accro et je croyais vraiment que je voulais continuer à fumer. C'est donc ce que j'ai fait jusqu'à ce que je trouve La Méthode simple.

La méthode fondée sur la volonté est un calvaire

La peur de réussir empêche beaucoup de fumeurs d'essayer d'arrêter. Toute leur vie, on les a convaincus que la vie de non-fumeur était une vie de sacrifice, de privation et de souffrance. Posez la question à n'importe quel fumeur qui a arrêté avec la méthode fondée sur la volonté, et c'est sans doute ce que vous entendrez.

Avoir recours à la méthode fondée sur la volonté ne fera pas de vous un non-fumeur heureux pour le restant de vos jours. Cela fera de vous un ex-fumeur malheureux, toujours à une bouffée de retomber dans le piège.

La volonté n'est nécessaire que lorsqu'il y a un conflit intérieur. L'alpiniste qui veut atteindre le sommet de la montagne mais est confronté à une immense crevasse doit faire appel à sa volonté pour surmonter sa peur de tomber, ainsi que l'épuisement.

Lorsque vous arrêtez de fumer, vous n'êtes soumis à un conflit intérieur que si vous éprouvez encore l'envie de fumer. On désire fumer parce qu'on croit que le tabac nous apporte une sorte de plaisir authentique ou un soutien.

Les fumeurs qui font appel à la volonté pour arrêter croient qu'ils sacrifient ce plaisir ou cette béquille, ils ressentent donc une privation qui s'ouvre comme un gouffre qu'ils ne parviendront jamais à surmonter. Au lieu de se réjouir de savoir qu'ils n'auront plus jamais besoin de fumer, ils deviennent malheureux à la pensée qu'ils ne peuvent plus le faire.

Plus ils ont de la volonté, plus ils prolongent leur calvaire. Retirez ses bonbons à un enfant : il piquera une crise et se rendra lui-même très malheureux. Quel enfant prolongera son caprice le plus longtemps, celui qui a le moins de volonté ou le plus tenace ? Les plus volontaires sont davantage susceptibles de prolonger leur agonie. Ce qui veut dire que, paradoxalement, les fumeurs qui ont beaucoup de volonté sont souvent ceux qui ont le plus de mal à arrêter avec la méthode fondée sur la volonté.

Renforcer les illusions

Repensez à la partie du dernier chapitre qui portait sur les cigarettes spéciales. Ces cigarettes semblent toutes spéciales parce qu'elles succèdent à une période d'abstinence. Tandis que le Grand Monstre reste bien vivant dans votre esprit et que vous éprouvez encore le désir de fumer, plus vous restez longtemps sans fumer, plus la cigarette suivante vous semblera précieuse.

Dans le Chapitre 1, vous avez noté la durée de votre plus longue période sans cigarette. Vous souvenez-vous de la cigarette qui y a mis un terme ? Sur une échelle de 1 à 5, 1 étant le chiffre le plus bas et 5 le plus élevé, quelle était l'intensité de votre soulagement lorsque vous avez enfin cédé et allumé cette cigarette ?

☐ 1 ☐ 2 ☐ 3 ☐ 4 ☐ 5

Et comment vous êtes-vous senti après l'avoir fumée ?

....

....

La plupart des gens se sentent terriblement mal après la cigarette qui met un terme à leur tentative d'arrêt. C'est un immense soulagement au moment où ils l'allument parce qu'elle met fin à une période de calvaire qu'ils se sont imposée, mais cela confirme aussi leur défaillance. Le conflit intérieur n'est jamais aussi clair qu'à ce moment-là.

L'effet peut être dévastateur, enfonçant les fumeurs encore plus profondément dans le piège de la nicotine et les persuadant qu'ils n'auront jamais la capacité d'arrêter.

En attendant… rien

Avec la méthode fondée sur la volonté, comment savez-vous que vous avez réussi ? Vous vous battez de toutes vos forces contre le désir de fumer, espérant qu'un jour il disparaîtra. Mais plus vous vous privez, plus fumer devient précieux et plus votre envie d'une cigarette devient intense. Vous ne savez jamais quand l'envie de fumer deviendra insurmontable, mais vous espérez que cela ne se produira jamais, alors vous passez le reste de votre vie à attendre quelque chose qui ne se produira pas.

Avec La Méthode simple, vous pouvez apprécier le moment où vous aurez la certitude absolue que vous écrasez votre dernière cigarette. Chasser l'envie de fumer et arrêter devient facile. Vous n'avez pas à attendre quelque chose en vain. Vous pouvez apprécier votre vie de non-fumeur heureux sur-le-champ.

Notes

Votre programme personnel

J'ai lu et compris les points suivants indiquant pourquoi la méthode fondée sur la volonté ne sert à rien :

- ☐ Les fumeurs ne sont pas dépourvus de volonté. Au contraire, il faut beaucoup de volonté pour continuer de fumer alors qu'il y a tant de bonnes raisons d'arrêter
- ☐ Avoir recours à la méthode fondée sur la volonté ne fera pas de moi un non-fumeur heureux pour le reste de ma vie
- ☐ La volonté n'est nécessaire que lorsqu'il y a un conflit intérieur
- ☐ Tant qu'on ne comprend pas l'illusion du plaisir, la cigarette suivante (celle qu'on ne peut fumer) semblera toujours précieuse
- ☐ Avec la méthode fondée sur la volonté, on est toujours dans l'attente de quelque chose qui ne se produira jamais, on se demande donc toujours si on a réussi

DERNIER CONTRÔLE

☐ *Tout est clair et bien compris*

Ne cochez pas cette case tant que vous n'en aurez pas reçu l'instruction, au Chapitre 18.

7

Il n'y a aucun sacrifice à faire

Les fumeurs qui essaient d'arrêter sans y parvenir, quelle que soit la méthode employée, échouent tous pour la même raison : ils croient consentir à un sacrifice.

Lorsque vous essayez d'arrêter avec la méthode fondée sur la volonté, cette croyance est très souvent renforcée par les gens qui vous encouragent à arrêter. Vous n'avez besoin de volonté que si vous éprouvez des désirs contradictoires.

C'est la croyance selon laquelle fumer vous apporte une sorte de plaisir ou un soutien qui crée cette lutte dictée par la peur.

Avec La Méthode simple d'Allen Carr, le désir de fumer disparaît totalement, il n'y a donc aucun sentiment de privation.

Il est essentiel que ce soit tout à fait clair dans votre esprit :

VOUS NE RENONCEZ À RIEN

Vous souvenez-vous du nombre de fois où vous avez essayé d'arrêter de fumer ?

Notez le chiffre ici

Case 1 : ☐

Notez le nombre de fois où vous avez réussi

Case 2 : ☐

À la page 43 vous avez noté votre record des périodes les plus longues et les plus courtes où vous avez réussi à arrêter. Notez à nouveau ces chiffres ici.
Le plus longtemps

Case 3 : ☐

Le moins longtemps

Case 4 : ☐

Dans la case n° 2, vous auriez dû écrire 0. Réussir signifie arrêter de façon définitive et cela ne doit se produire qu'une seule fois. Le fait que vous lisiez ce livre semble indiquer que vous n'avez jamais réussi à arrêter de fumer.

Cette page est un rappel de ce qui se produit avec la méthode fondée sur la volonté. Vous pouvez arrêter pour une période longue ou courte, vous pouvez arrêter de nombreuses fois, mais vous finissez toujours par vous remettre à fumer. Vous retombez toujours dans le piège.

En fait,

AVEC LA MÉTHODE FONDÉE SUR LA VOLONTÉ,
VOUS N'ÉCHAPPEZ JAMAIS AU PIÈGE

Les mauvaises influences

L'indice étant le mot « renoncer ». Les fumeurs qui essaient d'arrêter avec la méthode fondée sur la volonté parlent de « renoncer » car ils croient réellement faire un sacrifice. Ils connaissent et comprennent les nombreuses bonnes raisons d'arrêter mais ils pensent toujours qu'ils seront privés d'un plaisir ou d'un soutien.

Vous devez vous méfier des ex-fumeurs qui ont arrêté avec la méthode de la volonté et luttent encore contre la tentation de fumer car ils contribuent fortement à répandre le mythe selon lequel arrêter suppose un sacrifice.

Ils se divisent en deux camps : les « Nouveaux Convertis » et les « Pleurnicheurs ».

Les Nouveaux Convertis

Les Nouveaux Convertis sont faciles à repérer : à peine ont-ils écrasé leur dernière cigarette qu'ils accrochent des panneaux « Interdiction de fumer » dans leur maison et leur voiture. Ils invitent les fumeurs chez eux dans le seul but de jubiler en leur interdisant de fumer.

Les Nouveaux Convertis deviennent des militants invétérés, ne manquant jamais de vous rappeler que vous ruinez votre santé et votre compte en banque, et qu'ils n'arrivent pas à comprendre comment quelqu'un d'aussi intelligent que vous trouve nécessaire de mettre des trucs aussi répugnants dans sa bouche et de les allumer. En fait, ils critiquent les fumeurs avec beaucoup plus de férocité que les gens qui n'ont jamais touché au tabac. Ils semblent oublier qu'ils ont fait exactement la même chose pendant des années.

Connaissez-vous des gens qui correspondent à cette description ?
Notez leurs noms ici :

....

Les Pleurnicheurs

Les Pleurnicheurs sont ceux qui, dès qu'ils entendent que vous avez arrêté, viennent vous serrer la main, vous souhaitent de réussir, vous disent combien vous serez en meilleure santé et plus riche, vous assurent que vous avez pris la bonne décision... et vous disent ensuite qu'ils ont arrêté il y a des années mais que la cigarette leur manque encore terriblement.

Les Pleurnicheurs adorent faire savoir à tout le monde qu'ils ont arrêté et quel sacrifice ils ont fait. Pour quelqu'un qui vient juste de trouver la volonté d'arrêter, l'effet est dévastateur. Vous placez tous vos espoirs dans le fait qu'un jour vous vous réveillerez sans avoir envie de fumer. Les Pleurnicheurs réduisent cet espoir à néant.

Notez ici le nom des Pleurnicheurs que vous connaissez :

....

Méfiez-vous des ex-fumeurs qui ont arrêté avec la méthode fondée sur la volonté. Si les Nouveaux Convertis aiment s'insurger contre le tabac et les Pleurnicheurs évoquer leurs souvenirs, c'est parce qu'ils n'ont pas vaincu leur addiction. Ils croient encore qu'ils consentent à un véritable sacrifice. Le Grand Monstre est toujours vivant.

Les Nouveaux Convertis et les Pleurnicheurs ont un effet négatif sur les fumeurs car ils renforcent l'idée fausse « fumeur un jour, fumeur toujours ». Ils confirment la peur de ne jamais être totalement libre, même après l'arrêt du tabac.

Le renoncement

Imaginez ce que ressentent ces âmes torturées lorsqu'elles finissent par succomber à la tentation et se remettent à fumer. Le soulagement doit être immense. Plus longtemps vous vous efforcez de résister au désir de fumer, plus grand est le soulagement lorsque vous y cédez.

Tous ceux qui ont essayé d'arrêter et ont échoué avec la méthode fondée sur la volonté connaissent cette sensation de soulagement. Mais vous rappelez-vous avoir jamais pensé : « Formidable ! Je suis à nouveau fumeur ! Cette cigarette a un goût extraordinaire ! » ? Au contraire, votre soulagement est gâché par un sentiment d'échec et d'appréhension. Et la cigarette vous semble toujours décevante, son goût ressemble plutôt à celui de votre première cigarette : elle est répugnante. Ne vous méprenez pas sur mes propos : le soulagement est immense, mais c'est comme de porter des chaussures trop petites pour le simple plaisir de les enlever.

TOUS LES TOXICOMANES SONT DES MENTEURS, Y COMPRIS LES FUMEURS

La vérité, c'est que lorsque vous arrêtez de fumer, vous ne renoncez à rien. Vous gagnez quelque chose de merveilleux :

VOUS ÊTES LIBÉRÉ DE L'ADDICTION

N'oubliez pas que le but de cette méthode n'est pas de vous aider à résister à la tentation de fumer, c'est de la faire totalement disparaître.

VOUS ÊTES EN TRAIN DE VOUS DÉBARRASSER D'UNE MALADIE

PROPOS DE STEVE,
DINGWALL (ÉCOSSE)

J'ai essayé d'arrêter un nombre incalculable de fois, espérant toujours un miracle plus que je ne croyais réellement y parvenir. Je ne pensais tout simplement pas qu'il était possible d'arrêter de fumer et d'être heureux parce que je n'avais jamais rencontré quelqu'un qui y soit parvenu. Ou du moins je le croyais.
J'en parlais un jour à une collègue de travail : « Tu as vraiment de la chance de n'avoir jamais fumé. » Sa réponse m'a sidéré : « Arrête tes bêtises, je fumais 40 cigarettes par jour ! » Je la connaissais depuis des années et j'avais toujours supposé qu'elle n'avait jamais fumé. Elle ne ressemblait à aucun ex-fumeur que je connaissais. Je lui ai donc demandé si elle était parfois tentée de fumer et elle m'a répondu : « Tu plaisantes ! Ça ne me manque pas du tout. »
C'est comme si une porte s'était ouverte dans mon esprit. Pour la première fois, je croyais qu'il était possible d'arrêter et d'être heureux parce que j'en avais la preuve sous les yeux. Grâce à cette découverte, lorsque j'ai décidé d'arrêter avec La Méthode simple, j'étais plus que prêt à croire que je pouvais devenir un non-fumeur heureux.

Notez ici le nom des ex-fumeurs heureux que vous connaissez

....

Cette liste sera probablement plus courte que votre liste des Nouveaux Convertis et des Pleurnicheurs, non parce qu'ils sont rares, mais parce que les gens qui sont heureux d'être non fumeurs n'en font en général pas toute une histoire. Ils vivent normalement de sorte que, comme Steve, vous pouvez supposer qu'ils ont toujours été non fumeurs.

Il y a des non-fumeurs heureux partout autour de vous, et La Méthode simple a joué un rôle non négligeable. Menez vos propres recherches. Demandez à des gens dont vous supposez qu'ils n'ont jamais fumé s'ils ont toujours été non-fumeurs. Vous aurez peut-être quelques surprises.

Ajoutez-les à votre liste.

Comme n'importe quel non-fumeur heureux vous le dira, vous ne renoncez à rien en arrêtant, mais vous vous épargnez quelque chose. En fait, vous vous épargnez un grand nombre de choses.

L'ESCLAVAGE DE L'ADDICTION
LES PERTES FINANCIÈRES
LA CONSOMMATION D'UN POISON PUISSANT
L'EXPOSITION À LA PRINCIPALE CAUSE DE MORTALITÉ DANS LE MONDE
UN TEINT GRIS, UNE PEAU ET UN REGARD TERNES
LA LÉTHARGIE, LE SOUFFLE COURT ET LA BAISSE DE L'IMMUNITÉ
LA DÉGRADATION DE VOTRE SYSTÈME NERVEUX
LA PERTE DE COURAGE, DE CONFIANCE EN SOI
ET DE CONCENTRATION
UNE TOUX CONSTANTE ET UNE RESPIRATION SIFFLANTE
LE GOÛT ET L'ODEUR INFECTS
DES DENTS, DES LÈVRES ET DES MAINS TACHÉES
UN VIEILLISSEMENT PRÉMATURÉ ET DES RIDES
UNE MAUVAISE HALEINE
LA PEUR DU CANCER
LA HONTE ET LA CULPABILITÉ
LA CULPABILITÉ LIÉE À L'INQUIÉTUDE DE VOTRE FAMILLE
ET DE VOS PROCHES

> 15 % des étudiants américains de sexe masculin utilisent le tabac sans fumée. Le tabac sans fumée contient 28 agents cancérigènes. Les adolescents qui consomment du tabac sans fumée ont plus de risques de devenir des fumeurs de cigarettes.

Les non-fumeurs heureux sont la preuve qu'il n'y a rien à quoi vous devez renoncer quand vous arrêtez de fumer. Ils ont découvert que le plaisir qu'ils pensaient éprouver était une arnaque et qu'en réalité la vie est bien plus agréable après avoir arrêté.

Si vous avez peur de ne pas réussir à arrêter sans devenir un Nouveau Converti ou un Pleurnicheur, regardez votre liste de non-fumeurs heureux et rappelez-vous qu'il n'y a rien à craindre.

VOUS N'AVEZ PAS BESOIN DE CIGARETTES

ELLES NE VOUS APPORTENT AUCUN PLAISIR

Si vous n'êtes toujours pas convaincu de pouvoir éliminer le désir de fumer, revenez en arrière et relisez le Chapitre 5 jusqu'à ce que vous compreniez que tout plaisir ou soutien que vous pensez que le tabac vous apporte est une illusion, créée par l'addiction à la nicotine et le lavage de cerveau que vous avez subi pendant toute votre vie.

Percer à jour l'illusion et mettre un terme à l'addiction est facile. À moins, bien sûr, que vous ne pensiez être différent de tout le monde.

« J'ai fumé pendant quinze ans et je le regrette chaque jour. Je n'arrivais pas à arrêter. Merci de m'avoir montré que je pouvais y parvenir ! À tous ceux qui pensent ne pas pouvoir y arriver, vous le pouvez ! »

Andrew H., New Jersey, États-Unis

Votre programme personnel

J'ai lu et compris les points suivants relatifs à l'illusion, au sacrifice et à la privation :

- ☐ Je ne « renonce » à rien
- ☐ Je me débarrasse d'une maladie
- ☐ Avec la méthode fondée sur la volonté, on n'échappe jamais au piège
- ☐ Je dois me méfier des ex-fumeurs qui ont arrêté avec la méthode fondée sur la volonté
- ☐ J'ai tout à gagner et rien à perdre en arrêtant de fumer

Dernier contrôle

☐ *Tout est clair et bien compris*

Ne cochez pas cette case tant que vous n'en aurez pas reçu l'instruction, au Chapitre 18.

8
La personnalité addictive

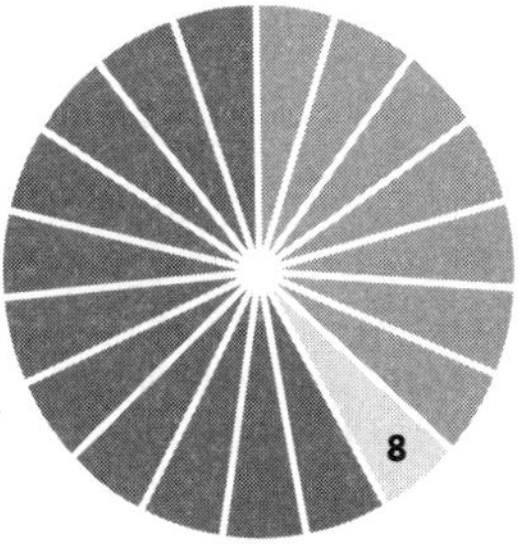

La théorie de la personnalité addictive n'apporte aucune solution aux fumeurs qui veulent arrêter. Elle a pour seul effet de leur donner un sentiment d'impuissance. Ils se sentent pris au piège.

EXCELLENTE NOUVELLE : N'IMPORTE QUEL FUMEUR PEUT ARRÊTER AVEC LA MÉTHODE SIMPLE. CELA N'A RIEN À VOIR AVEC VOTRE PERSONNALITÉ

« En temps normal, lorsque nous recevons des gourous de la santé ou de la forme dans cette émission, ils sont accueillis avec beaucoup de scepticisme. Mais je dois dire que notre standard croule sous les appels, et les auditeurs n'ont que des choses positives à dire sur Allen Carr. C'est tout à fait incroyable. »

Julian Warricker, BBC5 Live Radio

Certains fumeurs acceptent le fait qu'ils sont accros à la nicotine et semblent comprendre tout ce qu'on leur dit sur le piège et combien il est facile de s'en libérer. Pourtant lorsqu'il est question de leur propre tabagisme, ils trouvent que d'autres règles s'appliquent.

Ils croient être condamnés à être accros pour le reste de leur vie en raison d'un héritage génétique. La théorie de la personnalité addictive donne aux fumeurs une excuse supplémentaire pour continuer de fumer.

« Je ne peux pas m'en empêcher ; c'est dans ma nature. »

> *« Vingt-quatre ans après avoir arrêté de fumer, je recommande encore le livre d'Allen Carr et l'approche mentale qu'il promeut. J'ai vu beaucoup de gens se libérer des cigarettes grâce à ce livre – ils ne se sont pas seulement libérés du tabagisme, mais aussi de l'habitude. »*
>
> Dr John Briffa, médecin spécialisé dans la nutrition, auteur et journaliste santé

La théorie

La théorie de la personnalité addictive se fonde sur le fait que certaines personnes souffrant d'addiction sont accros à plus d'une chose. Les alcooliques, par exemple, sont souvent de gros fumeurs, comme les héroïnomanes.

La théorie est renforcée par le fait que les fumeurs partagent certaines caractéristiques physiques : le teint gris, le regard éteint, la nervosité, la léthargie, la peau sèche et ridée… La théorie conclut que certains types de personnes sont génétiquement prédisposées à l'addiction. Certaines études prétendent même le prouver.

Même si vous aviez une personnalité addictive ou un genre de prédisposition génétique à l'addiction, cela ne signifierait pas que vous soyez condamné à devenir dépendant. Vous n'étiez pas accro avant de le devenir, il n'y a donc aucune raison pour que vous ne puissiez pas redevenir le non-fumeur heureux que vous étiez avant de commencer à fumer. Avec cette méthode, N'IMPORTE QUEL FUMEUR peut arrêter facilement.

L'anomalie statistique

Si la théorie de la personnalité addictive était un facteur important et qu'une certaine proportion de la population mondiale était génétiquement prédisposée au tabagisme et aux autres addictions, on pourrait donc supposer que cette proportion serait relativement constante au fil du temps. L'évolution est un processus lent. On ne s'attendrait pas à des changements majeurs tels que ceux auxquels nous avons assisté en à peine un siècle.

Pourtant, les statistiques font un récit bien différent. En Europe occidentale et en Amérique du Nord, le tabagisme a diminué au cours des 75 dernières années, tandis qu'en Asie il a considérablement augmenté. Dans les années 1940 au Royaume-Uni, par exemple, plus de 80 % de la population masculine adulte était accro à la nicotine. Aujourd'hui, ce chiffre est inférieur à 25 %.

Sommes-nous censés croire que cette prédisposition génétique à l'addiction ait massivement migré de l'Europe occidentale et de l'Amérique du Nord vers l'Asie ?

Cela n'a aucune importance que vous ayez ou non une prédisposition génétique à l'addiction – pour peu qu'une telle chose existe –, il vous sera malgré tout facile d'arrêter et de ne pas reprendre.

Notes

Les symptômes de l'empoisonnement

À ces traits physiques qui semblent relier tous les fumeurs, s'ajoute l'impression parmi eux qu'ils forment une espèce à part. Les fumeurs aiment s'assembler, ils recherchent la compagnie les uns des autres et semblent plus détendus lorsqu'ils sont réunis.

Une des raisons pour laquelle les fumeurs craignent de devenir des non-fumeurs est qu'ils ont peur d'être écartés de leur groupe social. Mais n'y a-t-il pas là une contradiction ? Si tous les fumeurs sont identiques, pourquoi votre tabagisme serait-il différent de celui des autres ? Si tous les fumeurs sont faits du même bois, cela ne signifie-t-il pas que si l'un d'entre eux arrête de fumer, tous le peuvent ?

En réalité, les cas individuels n'ont pas d'intérêt en tant que tels.

TOUS LES FUMEURS SONT LES MÊMES

Vous devenez accro parce que vous avez pris une drogue addictive. Les fumeurs préfèrent la compagnie des autres fumeurs parce que avec eux ils sont moins complexés. Et ils pourront toujours avoir une cigarette à la main. Au fil du temps, ils ont des traits physiques similaires parce que tous s'empoisonnent avec la nicotine. Leur tendance à manquer de modération dans d'autres domaines de leur vie est simplement ce qui se produit lorsque leur corps et leur esprit sont contrôlés par une drogue.

L'addiction à la nicotine est la cause, et non l'effet

N'importe qui peut guérir de l'addiction à la nicotine, mais il n'y a qu'un moyen d'y parvenir : en arrêtant d'en consommer.

Pour arrêter sans souffrance et de façon définitive, vous devez comprendre que fumer, vapoter ou tout autre mode d'absorption de la nicotine ne vous apporte absolument rien.

Pourquoi certains fumeurs semblent-ils plus accros que d'autres ?

N'importe qui peut être incité à fumer une cigarette pour la première fois. Lorsque vous fumez votre première cigarette, vous vous tenez au bord de la plante carnivore et vous faites un pas vers la pente glissante.

Certaines personnes s'enfoncent si lentement dans le piège qu'elles ne prennent jamais conscience d'être prisonnières. D'autres plongent la tête la première et deviennent de très gros fumeurs presque immédiatement.

La raison pour laquelle vous fumez la deuxième cigarette et, si vous le faites, la vitesse à laquelle vous vous précipitez dans le piège dépendent d'un certain nombre d'influences diverses. Certaines personnes sont moins sensibles au lavage de cerveau, par conséquent elles ne fument jamais la seconde cigarette. Le goût et l'odeur infects de la première cigarette suffisent à les dégoûter à vie.

D'autres individus peuvent être plus déterminés à s'habituer au goût et peuvent développer une tolérance plus rapide en raison de leur constitution physique. Certains fumeurs limitent leur consommation pour des raisons financières ou par manque d'opportunités.

Il y a un nombre incalculable de facteurs différents qui influencent le fait que vous deveniez fumeur ou non, que vous soyez un gros fumeur ou pas, mais la personnalité addictive n'en fait pas partie.

** Une des meilleures choses lorsqu'on échappe au piège de la nicotine est d'être libéré de ce sentiment de vide et d'insécurité que les fumeurs considèrent comme partie intégrante de leur caractère.*

** Ce n'est ni votre personnalité ni une prédisposition génétique qui vous rendent accro, c'est la drogue.*

Votre programme personnel

J'ai lu et compris les points suivants sur le principe de la personnalité addictive :

- ☐ Tous les fumeurs sont les mêmes
- ☐ Je suis devenu accro parce que j'ai pris une drogue addictive et non en raison de ma personnalité ou d'une quelconque prédisposition génétique
- ☐ N'importe qui peut guérir de l'addiction à la nicotine. Il faut simplement arrêter d'en consommer
- ☐ De nombreux facteurs influencent le fait que vous deveniez un gros fumeur ou non. La personnalité n'en fait pas partie

DERNIER CONTRÔLE

- ☐ *Tout est clair et bien compris*

Ne cochez pas cette case tant que vous n'en aurez pas reçu l'instruction, au Chapitre 18.

9
Une question de concentration

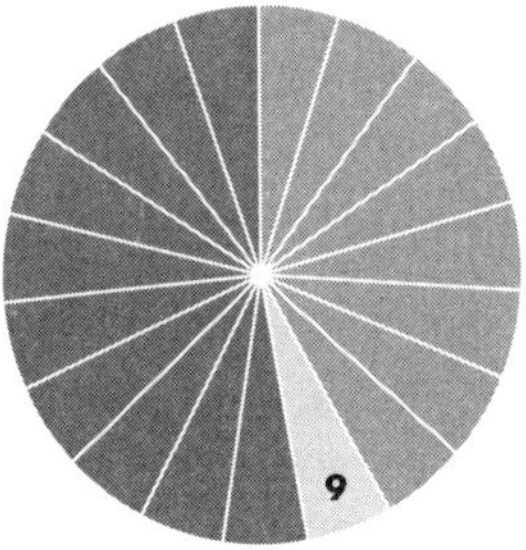

Beaucoup de fumeurs croient dur comme fer que fumer les aide à se concentrer. C'est une illusion de plus créée par l'addiction à la nicotine. Une simple vérité suffit à inverser cette allégation – fumer sape votre concentration.

Avant de commencer ce chapitre, assurez-vous de n'avoir pas fumé pendant un certain temps – plus longtemps que vous ne restez habituellement sans allumer une cigarette. Nous devons examiner votre état d'esprit.

« Des amis qui avaient arrêté grâce à la Méthode d'Allen Carr m'ont suggéré d'essayer. Ce fut une véritable révélation. J'ai été immédiatement libéré de mon addiction. En fait, comme pour mes amis, arrêter de fumer a été incroyablement facile mais aussi très agréable. Et je n'ai jamais eu envie de reprendre. »

Anthony Hopkins

Le mythe selon lequel fumer aide à se concentrer a été perpétué par le cinéma et la télévision pendant des décennies.

De Sherlock Holmes à l'inspecteur Columbo en passant par le détective Gene Hunt, la vision du détective qui allume une cigarette dès qu'il doit réfléchir à un cas épineux est devenue un classique du genre.

Dans les années 1970, avant que les organismes de contrôle n'essaient de limiter la présence du tabagisme à la télévision, il était courant de voir des invités fumer dans les émissions tandis qu'ils réfléchissaient aux questions posées par l'animateur.

Et tandis que fumer n'est plus permis dans ce cadre, les réalisateurs de films ont encore toute latitude pour montrer des personnages une cigarette aux lèvres, et ils le font avec une régularité croissante.

Il n'est guère surprenant que de nombreux fumeurs soient convaincus que fumer les aide à se concentrer.

De plus, ils en apportent la preuve. S'ils ont des difficultés à trouver la solution d'un problème, ils trouvent que fumer une cigarette les aide à se concentrer et à trouver une solution.

À première vue, on pourrait en conclure que le tabac a agi sur leur cerveau et les a aidés à se concentrer et à libérer leur créativité.

Mais examinons la situation de plus près. Si nous pouvons identifier les distractions, nous n'avons pas besoin de la nicotine pour les éliminer.

Après tout, les non-fumeurs y arrivent parfaitement bien. Tout comme vous avant de devenir accro.

PROPOS DE CHRISTINE,
RÉGION DU KENT (ROYAUME-UNI)

Je suis devenue accro à l'adolescence et je trouvais que fumer m'apportait une aide précieuse pendant mes révisions en vue des examens. Mais je savais que je ne pourrais pas fumer pendant les examens et cela me faisait peur. J'étais vraiment devenue dépendante des cigarettes pour me concentrer, et, sans elles, j'étais convaincue que j'allais échouer.

J'ai décidé de me tester avec les sujets d'une année précédente sans fumer. J'étais complètement nulle. J'étais tellement nerveuse que j'arrivais à peine à tenir mon stylo. Et je ne semblais pas capable de trouver la moindre réponse cohérente. Lorsque le jour des examens est arrivé, j'avais quasiment renoncé à l'idée de réussir mon examen, sans parler des mentions dont j'avais besoin.

Lorsque je me suis retrouvée dans la salle d'examen, dans les conditions réelles, tout ce que j'avais appris m'est facilement revenu en mémoire. J'étais stupéfaite. Fumer ne m'a jamais traversé l'esprit. J'ai été reçue haut la main, mais pendant des années je n'ai pu expliquer ce qui m'était arrivé. J'ai presque considéré cela comme un miracle.

Ce n'est que bien plus tard, lorsque j'ai appris que la nicotine était la cause de la distraction, et non le remède, que tout est devenu clair dans mon esprit. Lors de mes propres « examens blancs », seule ma volonté m'interdisait de fumer, j'étais donc en permanence distraite par l'envie d'une cigarette. Mais comme lors de l'examen réel je savais que fumer était impossible, j'ai réussi à l'éliminer totalement de mon esprit. C'était aussi simple que cela.

Plus important, j'ai pris conscience que la chose même sur laquelle je m'appuyais pour m'aider à me concentrer était celle qui sapait ma concentration.

Exercice

Il est temps d'observer le fond de votre pensée. Vous aurez besoin d'un stylo ou d'un crayon et d'une montre ou d'une horloge. Assurez-vous que vous n'avez pas fumé depuis un certain temps et ne fumez pas pendant l'exercice.

Maintenant, passez une minute à étudier les images qui figurent sur ces deux pages. Après une minute, tournez la page.

Sans regarder la page précédente, notez tous les objets dont vous parvenez à vous souvenir en 30 secondes.

....

....

....

....

....

« Mon mari, ma fille et moi avons tous arrêté la cigarette après avoir lu ce livre. Nous ne fumons plus depuis trois ans. C'était si facile que cela ressemble à un miracle. Nous n'en avons plus aucune envie. Merci d'avoir rendu cela possible. »

L. Formisano, Caroline du Nord, États-Unis

Si vous avez trouvé cet exercice facile et que vous vous êtes souvenu d'au moins 15 objets sur 20, félicitations ! Vous venez juste de prouver que vous pouvez vous concentrer sans cigarette.

Si vous avez eu plus de mal, tentons d'identifier ce qui vous a distrait. Dans la case ci-dessous, notez les pensées qui vous ont empêché de vous concentrer et de mémoriser tous les objets.

....

....

....

....

Si une des sources de distraction était « Je veux une cigarette », je vous suggère d'en fumer une maintenant.

La raison pour laquelle j'encourage les fumeurs à continuer de fumer pendant la lecture de ce livre est que tant que vous croyez encore que fumer vous aide à vous concentrer, il vous sera difficile de vous concentrer sans une cigarette. C'est parce que vous serez en permanence distrait par l'envie d'une cigarette.

« Je ne regarde plus les fumeurs en regrettant de ne pouvoir "savourer" une cigarette avec eux. Je les regarde et je ressens de la pitié pour eux. Je voudrais avoir cent exemplaires de votre livre pour les distribuer à tous mes amis et mes proches. »

Jarrod, La Nouvelle-Orléans, États-Unis

Qu'y a-t-il dans la tête d'un fumeur ?

En tant que fumeur, vous croyez sans doute que la cigarette vous aide à vous concentrer parce que vous vous sentez moins distrait et plus attentif lorsque vous fumez ou juste après. Cela vous semble logique. Maintenant, réexaminez la situation.

Avant de fumer, vous ne parveniez pas à être assez concentré pour trouver une solution. Après une cigarette, vous étiez moins distrait et davantage capable de vous concentrer sur le problème.

Qu'est-ce qui a changé en réalité ? Avant d'allumer votre cigarette, vous étiez distrait. Après la cigarette, vous n'étiez plus distrait ? La conclusion logique est évidente. Votre envie de fumer était la source de votre distraction.

LA CIGARETTE ANÉANTIT VOTRE CONCENTRATION

Pour pouvoir vous concentrer sur quelque chose, vous devez éliminer toutes les distractions. Les fumeurs sont en permanence distraits par leur envie de nicotine, jusqu'à ce qu'ils allument leur cigarette. Dès que vous éliminez cette distraction en allumant une cigarette, vous parvenez mieux à vous concentrer.

Mais votre pouvoir de concentration est toujours inférieur à ce qu'il serait si vous étiez non fumeur.

1. Les non-fumeurs ne subissent pas la distraction de l'addiction à la nicotine.
2. Fumer ne soulage que partiellement les symptômes du manque.
3. Fumer prive le cerveau d'oxygène.

Pas étonnant que les fumeurs aient tant de difficulté à se concentrer !

Faire face aux distractions quotidiennes

En tant que non-fumeur, vous serez encore distrait de temps à autre, éprouvant des difficultés à vous concentrer. Penser que fumer pourrait vous aider ne fera que créer des distractions supplémentaires.

En tant que non-fumeur, deux choix s'offrent à vous pour lutter contre les distractions :

1. Agir.
2. Les chasser de votre esprit.

Si c'est un bruit ou autre qui gêne votre concentration, vous pouvez soit l'interrompre soit aller dans un lieu où vous ne l'entendrez plus. Si vous n'agissez pas, il continuera de vous irriter. Mais si vous ne pouvez rien contre ce bruit, il est facile de le chasser de votre esprit.

Comme Christine l'a découvert en passant ses examens, si vous n'avez aucune possibilité de fumer, il est facile de chasser le tabac de votre esprit. Lorsque vous aurez totalement éliminé l'envie de fumer, vous remarquerez que votre concentration s'améliorera.

Les cigarettes et l'ennui

L'ennui est de n'avoir rien de stimulant pour occuper votre esprit. Dans cette situation, rien ne détourne votre esprit du Petit Monstre réclamant sa dose. Lorsque vous nourrissez le Petit Monstre, vous soulagez l'envie et vous créez donc l'illusion de dissiper l'ennui.

En pratique, la nicotine provoque l'ennui en supprimant la capacité de la personne accro de s'occuper avec des activités stimulantes. C'est là tout l'état de léthargie engendré par le tabagisme. Avez-vous déjà fumé une cigarette et pensé : « C'est absolument fascinant ! » ?

**OBSERVEZ D'AUTRES FUMEURS :
SEMBLENT-ILS STIMULÉS OU ONT-ILS L'AIR
DE S'ENNUYER ET MALHEUREUX ?**

FUMER N'EST PAS UNE ACTIVITÉ TRÈS ABSORBANTE

Volonté et concentration

Les fumeurs ont subi un lavage de cerveau qui les a poussés à croire que chaque fois qu'ils sont en panne d'inspiration, il existe une solution simple : fumer une cigarette. C'est cette croyance qui est à l'origine du problème. Si vous croyez vraiment que vous ne pouvez vous concentrer sans une cigarette, il vous sera impossible d'y parvenir.

Si vous arrêtez de fumer avec la méthode fondée sur la volonté, vous croyez encore que fumer aide à se concentrer, donc dès que vous serez en mal d'inspiration, vous serez encore plus distrait en pensant qu'une cigarette vous aiderait. Vous serez tenté d'essayer de fumer une cigarette, juste pour voir. Et une fois que votre cerveau ne sera plus distrait par l'envie de fumer, vous réussirez à résoudre le problème, ce qui renforcera la croyance selon laquelle la cigarette est utile.

Si vous résistez à la tentation, la distraction se poursuit et il devient impossible de vous concentrer. C'est là toute l'ingéniosité du piège de la nicotine. Quoi que vous fassiez, la cigarette sort toujours gagnante. Mais c'est seulement parce que vous n'avez pas déjoué le lavage de cerveau qui provoque la réaction « Je veux une cigarette ».

« Cela ne me manque pas du tout. J'ai essayé le sevrage brutal, puis d'innombrables séances d'hypnose. Cette fois, c'est complètement différent. Ma peau est plus belle. Je me sens mieux. Je respire mieux. Je ne peux pas vous dire comment cela fonctionne, en dehors du fait que cette méthode agit sur les raisons psychologiques qui vous poussent à fumer. Je suis vraiment fière de moi et je suis stupéfaite que cela ait été si facile. »

Carol Harrison, Actrice

Acquérir des certitudes

ÔTEZ LE DOUTE DE L'ESPRIT D'UN FUMEUR ET ARRÊTER DEVIENT FACILE

Même les fumeurs à la chaîne peuvent s'abstenir pendant plusieurs heures s'ils savent qu'ils n'auront aucune possibilité de fumer.

Ils peuvent rester sans fumer pendant toute la durée d'un vol long-courrier sans piquer une crise de nerfs. Cela prouve bien que le problème n'est pas physique mais mental. Sans la possibilité de fumer qui crée une tentation constante, ils peuvent facilement chasser la cigarette de leur esprit.

Si, après avoir arrêté, vous êtes confronté à un blocage d'ordre mental, ignorez-le simplement. Cela nous arrive à tous et rappelez-vous que fumer n'a jamais été une solution dans ce type de situation.

RAPPELEZ-VOUS SIMPLEMENT COMBIEN VOUS AVEZ DE LA CHANCE D'ÊTRE LIBRE

Notes

Votre programme personnel

J'ai lu et compris les points suivants sur le tabagisme et la concentration :

- ☐ La croyance selon laquelle fumer aiderait à se concentrer est partie intégrante du mythe perpétué par les personnages des séries télévisées et des films
- ☐ Fumer sape la concentration en m'incitant à penser « Je veux une cigarette ». Cela m'empêche de me concentrer
- ☐ La nicotine est la cause de l'ennui et non un moyen d'y échapper
- ☐ Si je crois à tort que je ne peux me concentrer sans cigarette, je vais m'assurer de ne pas y parvenir

DERNIER CONTRÔLE

- ☐ *Tout est clair et bien compris*

Ne cochez pas cette case tant que vous n'en aurez pas reçu l'instruction, au Chapitre 18.

10
Méfiez-vous des autres fumeurs

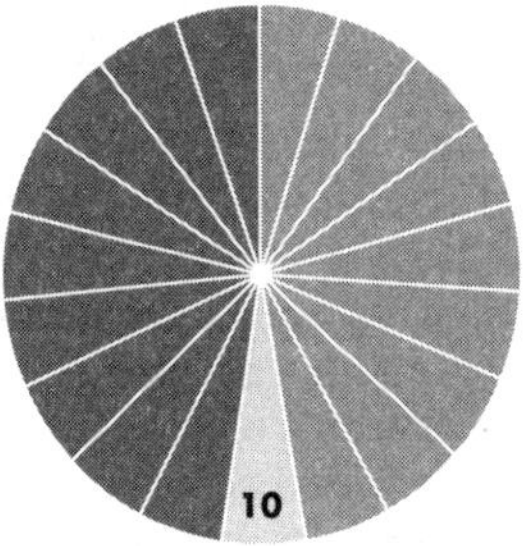

Le but de ce chapitre est de s'assurer que vous soyez vigilant vis-à-vis de tous les gens qui vont essayer de vous influencer de sorte que vous retombiez dans le piège. Lorsque vous êtes conscient du danger, il est plus facile de l'éviter.

Dans le Chapitre 7, vous avez noté le nom de Nouveaux Convertis et de Pleurnicheurs que vous connaissez et on vous a conseillé de vous méfier des ex-fumeurs qui ont arrêté avec la méthode fondée sur la volonté. Ceux-ci renforcent le mythe selon lequel fumer apporte un plaisir ou un soutien, impliquant que vous ne pouvez jamais être totalement libre. En fait, vous devez vous méfier de TOUS les fumeurs parce que leur influence peut vous faire retomber dans le piège, que ce soit intentionnel ou non. Pensez à votre première cigarette. Quelqu'un vous a-t-il encouragé à fumer ou est-ce une chose que vous avez faite de votre propre initiative ? Dans ce dernier cas, qu'est-ce qui vous a fait penser que c'était une bonne initiative ? Ne vous méprenez pas sur mes propos. Vous ne serez pas forcé d'éviter les fumeurs une fois que vous serez libre – en fait, vous ne devriez pas le faire. Soyez simplement conscient qu'ils peuvent tenter de vous influencer. Lorsque vous verrez les choses clairement, il sera évident qu'ils sont simplement accros et il sera facile de les considérer avec compassion.

PROPOS DE :

....

(Indiquez votre nom ici)

Vous avez lu le récit des autres gens sur leur tabagisme et les conséquences qu'il a eues sur eux ; il est maintenant temps que vous racontiez votre histoire. Il n'est pas nécessaire que vous remplissiez deux pages. Si vous le souhaitez, écrivez simplement les points clés sous forme de notes. Ce qui est important, c'est que vous réfléchissiez à la façon dont vous avez commencé : comment êtes-vous devenu accro et qui vous a influencé dans ce processus ? Pensez aux amis, relations, modèles, héros. Que ressentez-vous aujourd'hui à l'idée d'être fumeur et accro à la nicotine ?

....

Avez-vous acheté la première cigarette que vous avez fumée ? Quelqu'un d'autre vous a-t-il proposé une cigarette ?

....

À ce stade de votre vie, tous vos amis fumaient-ils ?

....

Qui était votre héros (héroïne) ? Fumait-il (elle) ?

....

Quelle est la chose la plus incroyable que vous ayez faite pour fumer une cigarette ?

....

Qui, le cas échéant, vous a encouragé à fumer en premier lieu ? Qui vous a découragé ?

....

Votre tabagisme affecte-t-il d'autres gens dans votre foyer ? Qui ? Comment ?

....

Quand avez-vous pris la décision d'arrêter et pourquoi ?

....

L'influence parentale

La plupart des gens commencent à fumer à l'adolescence, l'époque à laquelle nous cherchons à nous créer une identité et quelque chose qui puisse nous donner confiance en nous. Pour certains, fumer est une valeur sûre – ils suivent le troupeau, font partie d'un groupe ; pour d'autres, c'est un moyen de rébellion, une façon de se distinguer, de montrer qu'ils sont différents.

Nous commençons tous à fumer pour des raisons stupides.

Les parents et les proches ont une influence majeure dans le fait que leurs enfants deviennent accros à la nicotine. Les parents et proches semblent ne pas avoir conscience de l'exemple qu'ils donnent aux enfants. Ils pensent qu'il suffit de leur dire de ne pas fumer : mais pourquoi devraient-ils en tenir compte lorsqu'ils voient leurs propres parents, oncles ou tantes le faire ?

Vos parents et vos proches fumaient-ils ?

☐ Oui **☐ Non**

Vous interdisaient-ils de fumer ?

☐ Oui **☐ Non**

Vous encourageaient-ils à fumer ?

☐ Oui **☐ Non**

Vous ont-ils mis en garde contre les effets dévastateurs du tabagisme ?

☐ Oui **☐ Non**

Vous ont-il averti que vous alliez devenir accro ?

☐ Oui **☐ Non**

Vous ont-il expliqué comment fonctionne le piège de la nicotine ?

☐ Oui **☐ Non**

Si vous avez répondu oui à n'importe laquelle de ces questions à l'exception de la dernière, on peut dire de façon à peu près certaine que vos parents ou vos proches ont joué un rôle dans le fait que vous soyez devenu fumeur.

La pression des pairs

Mais il est rare qu'un parent soit celui qui fournisse consciemment cette première cigarette. Ce rôle échoit en général à un ami – pas toujours un ami proche, mais un ami qui vous donne l'impression que vous devriez essayer. Cela peut être quelqu'un que vous admirez, ou même que vous craignez. Vous ne voulez pas qu'il se moque de vous ou perdre la face, alors vous prenez la cigarette qu'il vous tend.

Les modèles

L'influence des modèles est plus subtile, surtout lorsqu'il s'agit de personnages de fiction. Tout au long du XXe siècle, si un écrivain ou un scénariste voulait qu'un personnage semble cool, autoritaire, intéressant, anticonformiste et fort, le procédé généralement employé était de faire de lui un fumeur. De Sigourney Weaver à Leonardo DiCaprio, l'image de la star de cinéma une cigarette à la main a encouragé un nombre incalculable de gens à commencer à fumer.

Au cours des années 1990, comme le monde est devenu plus conscient des dangers du tabac, Hollywood a tenté de suivre le mouvement et la cigarette a été considérablement moins présente à l'écran qu'à l'époque d'Humphrey Bogart, James Dean et Audrey Hepburn. Mais aujourd'hui, Hollywood a replongé et les scènes dans lesquelles les acteurs fument sont aussi nombreuses que dans les années 1950. Ce n'est pas un hasard. L'industrie du tabac est très influente et a les poches bien pleines.

Le nombre de fumeurs a été divisé de moitié aux États-Unis depuis un demi-siècle, on ne peut donc pas dire que l'art imite la vie – mais plutôt que l'art essaie d'influencer la vie.

« J'ai commencé à fumer à l'âge de 12 ans. J'en ai maintenant 29 et je suis redevenu un être libre. J'ai toujours cru que ma cause était perdue, mais c'était faux. Merci de m'avoir rendu ma vie. MERCI, MERCI, MERCI… »

Miroslav Kanurecka, Slovaquie

La plupart de nos connaissances, de nos croyances et de nos actes sont le résultat direct de l'information qui nous a été communiquée à travers de nombreuses sources différentes. Il est parfaitement compréhensible qu'on en conclue : « Je sais que fumer est mauvais pour ma santé, mais je ne peux pas être aussi stupide : regardez tous ces gens de caractère, intelligents et brillants qui fument. Il doit bien y avoir une bonne raison. »

De 1964 à 2014, la proportion des adultes américains qui fument est passée de 42 % à 18 %.

Le mouvement pro-tabac

Il y a également les fumeurs qui militent activement pour le droit de s'empoisonner et pour que les autres puissent faire de même en pouvant consommer de la nicotine sous n'importe quelle forme. Leur argument se décompose en deux points principaux :

1. Des preuves infondées
2. La liberté personnelle

Ces gens ne travaillent même pas pour des fabricants de tabac, pourtant ils font un remarquable boulot de marketing pour celles-ci. Ils citent en exemple des gens ayant vécu jusqu'à un âge avancé en fumant 40 cigarettes par jour et des non-fumeurs qui sont morts d'un cancer du poumon à l'âge de 50 ans. Ce qui insinue que fumer est excellent pour la santé !

Et hélas, beaucoup de gens intelligents et rationnels se laissent ainsi tromper sur la foi d'une exception, en niant les statistiques fondées sur les centaines de milliers d'individus qui montrent que le tabac est la première cause de mortalité dans le monde.

Ceux qui refusent de voir l'argument de santé sont encouragés par le second point : tout le monde est libre d'apprécier ce qui lui plaît, dans la mesure où cela n'est pas illégal. C'est un point qui suscite l'enthousiasme, qui exploite notre sens de la liberté personnelle et notre résistance volontaire à être maternés par l'État.

Mais c'est faire l'impasse sur deux vérités fondamentales :

1. **Les fumeurs n'ont aucune liberté.** Ils ne choisissent pas de fumer ; ils n'ont aucun contrôle sur leur tabagisme – ils sont accros.
2. **Personne n'aime fumer.** Les fumeurs ont seulement cette impression car ce sont des toxicomanes et parce qu'ils se sentent très mal lorsqu'ils ne sont pas autorisés à fumer.

Le moment de crise

Il est utile de reconnaître l'influence des autres fumeurs car ils ne jouent pas un rôle uniquement lorsqu'on devient fumeur, ils peuvent aussi tenter de nous faire retomber dans le piège une fois que nous avons arrêté.

Il est également utile de se méfier des situations dangereuses qui pourraient nous faire rechuter. Les moments où nous sommes le plus vulnérables sont les moments de crise, comme un accident de voiture, un deuil, la perte de son emploi ou une rupture amoureuse. Lorsque ces événements surviennent, il se trouve souvent un fumeur prêt à nous tendre une cigarette.

Pourquoi les fumeurs offrent-ils une cigarette ? Apporter un réconfort suffirait. Mais les fumeurs trouvent eux-mêmes un réconfort à voir un ex-fumeur retomber dans le piège. Cela les rassure sur leur propre incapacité à s'en échapper.

Il ne s'agit pas d'un acte conscient et malveillant de la part du fumeur, destiné à vous attirer à nouveau dans le piège de l'addiction. Ils croient réellement vous rendre service parce que leur perception a été faussée par l'addiction.

> *« J'ai fumé un paquet par jour pendant plus de vingt ans. Je viens juste de franchir le cap des six mois en tant que non-fumeuse. Je ne pourrai jamais assez vous remercier. J'achète des exemplaires de votre livre pour tous les fumeurs que je connais. »*
>
> Juli Goldych, Floride, États-Unis

Soyez préparé à faire face à l'influence des autres fumeurs et des ex-fumeurs qui arrêtent avec la méthode fondée sur la volonté et commencez à vous rappeler une chose :

TOUS LES FUMEURS SONT DES MENTEURS

Ils se mentent à eux-mêmes et aux autres parce qu'ils n'ont pas le choix. C'est la seule façon pour eux de pouvoir continuer à affronter l'odeur répugnante, les quintes de toux, la respiration sifflante, l'esclavage et l'humiliation. Ils doivent se convaincre qu'ils en tirent un bénéfice. Ils finissent donc par croire à leurs propres mensonges et à ceux des autres fumeurs.

Un des grands plaisirs lorsqu'on redevient non fumeur est qu'on n'est plus forcé de mentir. La sensation de liberté est merveilleuse. Tandis que les fumeurs se demandent comment vous pouvez vivre sans « apprécier une cigarette », vous savez qu'aucun fumeur n'aime fumer. Mais vous appréciez réellement de ne plus fumer chaque jour de votre vie – cette joie absolue d'avoir retrouvé la liberté.

Il est tragique de voir quelqu'un qui était autrefois plein d'assurance et maître de soi réduit à l'ombre de lui-même par les ravages du tabagisme, mais c'est arrivé à un grand nombre de célébrités – et vous connaissez sans doute personnellement quelqu'un qui a été détruit par les effets du tabagisme. Au fond de vous, vous savez qu'ils ne fumaient pas parce que c'était cool ou glamour mais parce qu'ils ont été victimes d'une escroquerie, tout comme vous, et que fumer, au lieu de leur donner du caractère et du charisme, les a en fait détruits.

TOUS LES TOXICOMANES SONT DES MENTEURS

« Vingt-quatre ans à penser que je devais fumer viennent de disparaître et l'illusion s'est elle aussi volatilisée. Je suis non fumeuse ! Et je vais sans hésiter mettre ce livre entre les mains de mon mari. »

Michelle, Lubbock, Texas, États-Unis

Tandis que le tabagisme décroît parmi la population blanche non hispanique [aux États-Unis], les compagnies de tabac ciblent désormais la population noire non hispanique et les Hispaniques avec une campagne de marchandising intensive, dont la publicité dans des médias visant ces communautés et le sponsoring de groupes civiques et d'événements sportifs, culturels et de spectacles. En 2012, les campagnes de promotion des compagnies de tabac aux États-Unis ont atteint un total de 9,6 milliards de dollars.

(Source : Centre de Contrôle et de Prévention des Maladies)

N'oubliez pas, une fois que vous percez l'illusion à jour, elle ne peut plus vous duper. La vérité est incontestable.

FUMER N'AIDE PAS À SURMONTER UNE CRISE, CELA NE FAIT QUE L'AGGRAVER

Notes

Votre programme personnel

J'ai lu et compris les points suivants sur l'influence des autres fumeurs :

- ☐ Quiconque perpétue le mythe selon lequel fumer apporte une sorte de plaisir ou un soutien se trompe
- ☐ Les fumeurs n'ont aucune liberté. Ils ne choisissent pas de fumer ; en réalité, ils n'ont aucun contrôle sur leur tabagisme.
- ☐ Personne n'aime fumer. Les fumeurs le croient uniquement parce que ce sont des toxicomanes et qu'ils se sentent très mal lorsqu'ils ne sont pas autorisés à allumer une cigarette.
- ☐ Fumer n'aide pas à surmonter une crise, cela ne fait que l'aggraver (considérablement)
- ☐ Les autres fumeurs veulent que je fume pour leur propre réconfort, et non le mien

DERNIER CONTRÔLE

- ☐ *Tout est clair et bien compris*

Ne cochez pas cette case tant que vous n'en aurez pas reçu l'instruction, au Chapitre 18.

11
Évitez les substituts

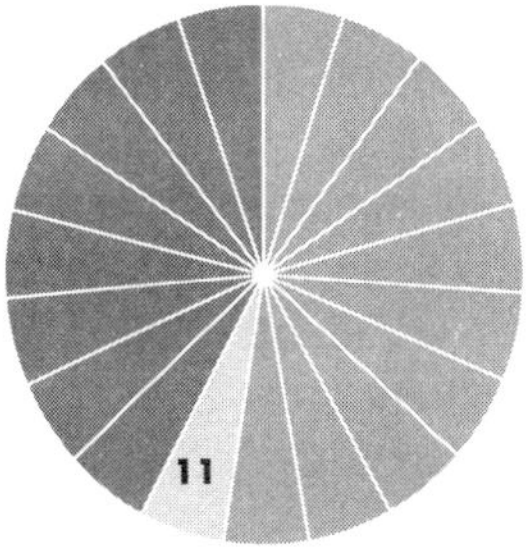

Beaucoup de fumeurs croient qu'il sera plus facile d'arrêter s'ils trouvent un substitut qui leur apporte leur dose de nicotine tandis qu'ils se débarrassent de « l'habitude ». Cela montre une incompréhension totale du piège dans lequel ils se trouvent. En vérité, les substituts rendent l'arrêt plus difficile.

À mesure que les gouvernements ont interdit le tabac dans les lieux publics, l'industrie du tabac s'est tournée vers des alternatives sans fumée. Les cigarettes électroniques et le vapotage font fureur à l'heure actuelle, apportant aux fumeurs un objet qu'ils peuvent aspirer et grâce auquel ils obtiennent de la nicotine, tout comme avec une cigarette.

Les fumeurs pensent avoir ainsi le beurre et l'argent du beurre : ils peuvent alimenter leur addiction à la nicotine sans craindre de se tuer. Ce dont ils n'ont pas conscience, c'est que les cigarettes électroniques les maintiennent pris au piège – ils sont toujours esclaves de la nicotine et toujours à deux doigts de redevenir fumeur. La plupart des vapoteurs continuent de fumer, même s'ils réduisent leur consommation – les conséquences sont toujours fatales.

Autres produits nicotiniques

Il a toujours existé des moyens alternatifs pour alimenter l'addiction à la nicotine autres que le tabagisme. Jusqu'à l'époque victorienne, le tabac à priser était très populaire. Cela consistait à sniffer de la poudre de tabac. Dans le Far West, le tabac à chiquer était la méthode favorite. Vous avez vu ces westerns dans lesquels les personnages crachent en permanence. Si vous avez déjà essayé de chiquer du tabac et que vous en avez accidentellement avalé, vous comprenez pourquoi ils crachent sans arrêt. Le goût est répugnant, même pour un chiqueur averti. Non seulement c'est abject, mais c'est aussi mortel.

Il existe une version moderne du tabac à chiquer, qui est une autre alternative en vogue au tabagisme, qui est le snus – une poudre de tabac que l'on place entre la joue et la gencive, de sorte que la nicotine passe dans la circulation sanguine par la fine peau des gencives. On ne le trouve que dans certains pays.

Cela ne semble pas très glamour, n'est-ce pas ? Mais l'industrie du tabac investit des sommes importantes pour commercialiser le snus dans certains pays, créant pour cela des packagings colorés et des parfums sucrés, le rendant aussi pratique que possible pour les usagers.

Pourquoi pensez-vous qu'ils se donnent tant de mal ? Essaient-ils d'aider les fumeurs à arrêter de fumer ? Ou déploient-ils toute leur ingéniosité pour contourner les interdictions de fumer, augmenter leurs profits et permettre aux gens de consommer de la nicotine en toutes circonstances ?

Leur objectif est que vous fumiez lorsque vous en avez la possibilité et que vous utilisiez ces autres produits quand vous ne le pouvez pas.

L'ADDICTION À LA NICOTINE N'EST PAS JUSTE UN DES RISQUES DU TABAGISME, C'EST LA SEULE RAISON POUR LAQUELLE LES GENS CONTINUENT DE FUMER

La théorie des substituts

Ne vous semble-t-il pas étrange que les médecins qui aident les patients à arrêter de fumer prescrivent les mêmes traitements que l'industrie du tabac qui essaie de s'assurer que tout le monde reste accro ? Ils appellent cela le traitement de substitution nicotinique (TSN). Ils devraient plutôt l'appeler le traitement de maintien de la nicotine.

La théorie affirme que la chose la plus difficile, lorsqu'on arrête de fumer, est de supporter l'état de manque.

Par conséquent, si vous pouvez continuer à absorber de la nicotine via une source alternative tandis que vous surmontez les autres aspects du tabagisme, vous pouvez réduire votre consommation de nicotine peu à peu, jusqu'à ce que vous soyez totalement libre.

Cela paraît simple. Pourtant, le TSN a été un lamentable échec. Tout comme les alternatives propagées par l'industrie du tabac, les solutions fondées sur le TSN recommandées par le corps médical, telles que les chewing-gums et les patchs à la nicotine, ont pour seul effet d'entretenir votre dépendance à la nicotine. Et les gens les utilisent comme une alternative au tabagisme lorsqu'ils se trouvent dans des situations où ils ne sont pas autorisés à fumer, tels que le bureau ou les voyages en avion ou en train. Dès que les fumeurs ont la possibilité de fumer, ils le font.

Tout ce que font les substituts nicotiniques, c'est de s'assurer que vous ayez votre dose de nicotine régulière et que vous restiez fermement pris au piège.

Qui veut rester accro à la nicotine pour le reste de sa vie ? Il faudra des années avant que les effets du vapotage à long terme ou de la consommation de nicotine sous d'autres formes soient confirmés. Mais au fond d'eux, tous les accros à la nicotine sentent bien que les doses régulières de ce poison leur sont très néfastes.

Les drogués

La plupart des gens détestent les piqûres. Même les plus déterminés d'entre nous qui ne tremblent pas à la vue d'une seringue n'en tirent pas de plaisir particulier. Mais les héroïnomanes sont impatients de se planter une aiguille dans les veines.

Certes, les accros à l'héroïne n'aiment pas vraiment se piquer. C'est simplement un moyen pour eux d'avoir leur dose de drogue. Les fumeurs ne fument que pour une seule raison : ils sont accros à la nicotine. Fumer est le processus qui leur permet d'avoir leur drogue. Pourtant, ils enfouissent la vérité sous de nombreuses couches de mythe pour pouvoir prétendre qu'ils fument pour toutes sortes de raisons agréables : en tant que soutien dans le cadre social, pour les aider à se concentrer, parce qu'ils aiment le goût, l'odeur, etc.

Avoir recours à des substituts ne vous libère pas du piège de la nicotine ; cela vous met exactement dans la même position que les héroïnomanes. Voulez-vous passer le reste de votre vie en étant toxicomane, vous procurant votre dose de nicotine sous quelque forme que ce soit, patch, chewing-gum, gel, cigarette électronique ou même pilule ?

> *« Je dois bien cela à Allen Carr et je voudrais inspirer tous ceux qui me lisent et qui ont arrêté depuis un jour, une semaine ou un mois. Si c'était la fin du monde, qu'il me restait cinq minutes à vivre et que quelqu'un m'offrait une cigarette, je choisirais de* NE PAS *passer ces cinq minutes à tousser et m'étouffer. Je ne veux plus de tout cela. C'est la différence entre un arrêt durable et celui qui ne dure pas. »*
>
> Brad, États-Unis

Au Chapitre 1, vous avez noté les raisons pour lesquelles vous voulez arrêter. Nous avons déjà établi qu'il y a d'autres raisons que les raisons de santé, et qu'elles ne suffisent pas à inciter un fumeur à arrêter. Si c'était le cas, un seul chapitre sur le sujet suffirait à guérir n'importe qui dans le monde.

Rappelez-vous les autres bénéfices de l'arrêt du tabac :

L'argent	Vous pourriez économiser des dizaines de milliers d'euros pour le reste de votre vie.
L'esclavage	Vous apprécierez le sentiment de vous être libéré de l'addiction à la nicotine.
La concentration	Sans l'impact négatif de la distraction créée par le manque de nicotine et avec un cerveau en meilleure santé, votre concentration s'améliorera.
Le stress	Sans le stress supplémentaire du manque de nicotine, vous vous sentirez plus détendu et moins enclin à la mauvaise humeur et à l'irritabilité.
Le respect de soi	Imaginez à quel point vous serez fier d'être définitivement libéré et de laisser derrière vous l'odeur répugnante et l'humiliation. Vive la liberté !

Tous ces bénéfices ne dépendent que du fait que vous vous libériez non seulement du tabagisme, mais aussi de la nicotine. C'est à cause de l'addiction à la nicotine que vous dépensez tout votre argent inutilement, que vous vous sentez esclave, perdez votre concentration, vous sentez stressé et d'humeur changeante et que vous vous méprisez.

UTILISER UN PRODUIT QUI RÉDUIT LE TABAGISME MAIS VOUS FOURNIT TOUJOURS VOTRE DOSE DE NICOTINE NE VOUS AIDERA PAS. IL VOUS MAINTIENDRA DANS LE PIÈGE

« Quelqu'un m'a donné le livre d'Allen Carr. Je l'ai trouvé très utile. C'est un livre génial. »

Lou Reed, chanteur de rock

De mal en pis

Un des arguments employés par le corps médical pour promouvoir les substituts nicotiniques est que, même s'ils ne viennent pas à bout de votre addiction à la nicotine, du moins ils vous épargneront les autres substances toxiques associées au tabagisme. Autrement dit, le mieux qu'ils aient à vous offrir est de vous débarrasser d'une partie des poisons en maintenant votre dépendance aux autres. Mais une de vos principales motivations pour lire ce livre n'est-elle pas de vous débarrasser de l'esclavage qui vous maintient sous le joug de la nicotine ?

RESTER ACCRO À LA NICOTINE POUR LE RESTE DE SA VIE EST UNE PERSPECTIVE EFFRAYANTE

ATTENTION : POISON !

LA NICOTINE EST UN POISON VIOLENT

Tant que vous resterez accro à la nicotine, vous serez prédisposé aux risques de santé associés à ce poison. De plus, les substituts nicotiniques délivrent une dose de nicotine supérieure à la cigarette : en général 2 à 4 mg pour un chewing-gum par exemple, tandis qu'elle est de 1 mg pour une cigarette.

Selon David Howard, de la compagnie de tabac R.J. Reynolds : « Le consommateur doit prendre en compte les informations disponibles sur les risques potentiels de chaque produit dérivé du tabac. »

« Aucun ne peut être considéré comme sûr et sans risque. »

Indépendamment de la santé, en termes de bien-être mental et de vie libre de toute servitude, les substituts ne représentent absolument pas une alternative.

Pourquoi s'infliger cela quand on peut arrêter facilement et se libérer de la nicotine à vie ?

CINQUIÈME INSTRUCTION : IGNOREZ TOUS LES CONSEILS QUI SONT EN CONTRADICTION AVEC LA MÉTHODE SIMPLE

« J'ai essayé toutes les méthodes possibles pour arrêter. Je ne comprenais pas comment un livre pouvait avoir la moindre utilité. Après avoir entendu parler des réussites de cette méthode, j'ai commandé le livre d'Allen Carr. Je l'ai lu en deux jours et j'ai fumé ma dernière cigarette ce soir-là. »

Kat, Colorado, États-Unis

Les fumeurs qui essaient d'arrêter en utilisant des substituts nicotiniques finissent presque toujours par se remettre à fumer. La raison est simple :

ILS NE SUPPRIMENT JAMAIS L'ENVIE DE FUMER

L'envie vient du Petit Monstre qui réclame sa dose de nicotine et le Grand Monstre interprète ses cris comme « Je veux une cigarette ». Tant que vous maintiendrez le Grand Monstre en vie, vous serez toujours vulnérable à la tentation d'une cigarette.

Que se passe-t-il lorsque vous assistez à une fête et que vous avez oublié votre patch, ou que vous êtes à court de chewing-gums ou que votre cigarette électronique se décharge ou qu'elle n'a plus de nicotine ?

Quelqu'un vous offre une cigarette. Vous pensez : « Juste une, ça ne peut pas me faire de mal. » Donc, vous l'acceptez, et avant même de vous en être rendu compte, vous avez recommencé à fumer des cigarettes.

Si seulement il existait une alternative qui ait tous les avantages perçus comme tels de la cigarette sans les désavantages.

BONNE NOUVELLE, ELLE EXISTE !

> *« J'ai été réellement impressionné. En dépit du succès et de la renommée de La Méthode simple d'Allen Carr, il n'y a aucune combine et l'approche professionnelle peut être respectée par un médecin de famille. En tant que médecin, je serais heureux de recommander cette méthode à tout le monde. »*
>
> Dr PM Bray, chirurgien

Il existe une alternative qui n'a aucun des inconvénients associés au tabagisme et à l'addiction à la nicotine :

☒ **Les problèmes de santé**
☒ **La dégradation mentale**
☒ **Le coût**
☒ **Le caractère répugnant**
☒ **Les stigmates**
☒ **L'esclavage**
☒ **La peur**

Et tous les avantages perçus :
☑ **La détente**
☑ **Le bonheur**
☑ **La confiance en soi**
☑ **Le contrôle**
☑ **La liberté**

ARRÊTER ! C'EST LA SEULE ALTERNATIVE !

Le sentiment de détente auquel vous essayez de parvenir chaque fois que vous allumez une cigarette est ce que ressentent les non-fumeurs naturellement. Les non-fumeurs ne souffrent pas du sentiment de vide et d'insécurité provoqué par l'état de manque de nicotine ni de la contrariété supplémentaire d'avoir envie d'une cigarette. Vous fumez uniquement pour vous débarrasser de cette sensation.

En d'autres termes, la seule raison pour laquelle vous fumez est de vous sentir comme un non-fumeur. La seule façon d'y arriver réellement est d'en devenir un.

> *« Cela fait vingt ans que j'envoie mes clients qui veulent arrêter de fumer dans les centres dirigés par l'expert britannique de renommée internationale, Allen Carr. Allen obtient un taux de réussite remarquable. »*
>
> Carole Caplin, conseillère forme et santé de Tony Blair

Physique ou mental

La théorie des substituts nicotiniques présente une autre faille. Peut-être l'avez-vous repérée.

Les substituts nicotiniques tels que les patchs, les chewing-gums et les cigarettes électroniques n'abordent que 1 % du problème du tabagisme.

99 % DU PROBLÈME EST PSYCHOLOGIQUE

Peut-être pouvez-vous voir à présent pourquoi La Méthode simple d'Allen Carr est bien plus efficace.

Les symptômes physiques du manque de nicotine sont si légers qu'ils sont presque imperceptibles et ils disparaissent en quelques jours. Ces symptômes sont les signes de l'agonie du Petit Monstre. Lorsque vous savez qu'ils signifient la fin de votre esclavage à la nicotine, ils deviennent une source de plaisir.

Tuer le Petit Monstre est facile : privez-le simplement de sa dose de nicotine et il mourra très rapidement.

TUER LE PETIT MONSTRE N'EST DIFFICILE QUE SI VOUS NE VOUS ATTAQUEZ PAS AU GRAND MONSTRE

L'Organisation mondiale de la Santé estime que sur les 100 millions de morts des suites du tabagisme que l'on prévoit pour les 20 prochaines années, 70 % auront lieu dans les pays en voie de développement, qui représentent les nouveaux marchés visés par les fabricants de tabac.

C'est à cause du Grand Monstre que vous vous sentez mal et en manque si vous ne fumez pas une cigarette. Même si vous vous abstenez de fumer pendant assez longtemps pour tuer le Petit Monstre, d'autres facteurs déclencheurs tels qu'un véritable stress peuvent réveiller le Grand Monstre et vous faire penser : « J'ai envie d'une cigarette. »

Vous pouvez résister à la tentation pendant un certain temps – certaines personnes résistent pour le reste de leur vie, mais c'est une vie de privation et de calvaire.

Avec La Méthode simple d'Allen Carr, vous supprimez complètement toute envie de fumer.

Les substituts sans nicotine

Certains fumeurs qui tentent d'arrêter avec la méthode fondée sur la volonté essaient de se récompenser de leur sacrifice en se tournant vers d'autres substituts, tels que les bonbons ou le chocolat. Au lieu de résoudre le problème, cela le déplace.

NE RECOUREZ JAMAIS AUX SUBSTITUTS, MÊME S'ILS SEMBLENT SANS DANGER ET SANS CALORIES

Le principal défaut de tous les substituts, qu'ils contiennent de la nicotine ou non, est de perpétuer l'illusion que l'on consent à un sacrifice en arrêtant de fumer.

Il est facile de confondre la faim avec le sentiment de vide et d'insécurité de l'état de manque de nicotine. Quelques jours après avoir arrêté, lorsque le Petit Monstre est à l'agonie, vous pouvez penser soulager ce sentiment en mangeant. Cela conduit au mythe suivant auquel nous devons nous attaquer.

ARRÊTER DE FUMER FAIT GROSSIR

Votre programme personnel

J'ai lu et compris les points suivants sur les substituts au tabagisme :

- ☐ L'addiction à la nicotine n'est pas un des risques du tabagisme, c'est la seule raison pour laquelle les gens continuent à fumer
- ☐ Choisir de rester accro à la nicotine est comparable au choix de porter des chaussures trop petites pour le soulagement qu'on éprouve en les enlevant
- ☐ La nicotine est un poison violent. Les alternatives sans fumée ne sont pas sans danger
- ☐ *CINQUIÈME INSTRUCTION : IGNOREZ TOUS LES CONSEILS EN CONTRADICTION AVEC* LA MÉTHODE SIMPLE
- ☐ Ceux qui ont recours à des substituts ne se débarrassent jamais de l'envie de fumer
- ☐ Les substituts perpétuent l'illusion que vous consentez à un sacrifice en arrêtant de fumer
- ☐ N'ayez jamais recours aux substituts, même sans calorie

DERNIER CONTRÔLE

- ☐ *Tout est clair et bien compris*

Ne cochez pas cette case tant que vous n'en aurez pas reçu l'instruction, au Chapitre 18.

12

Le mythe de la perte de poids

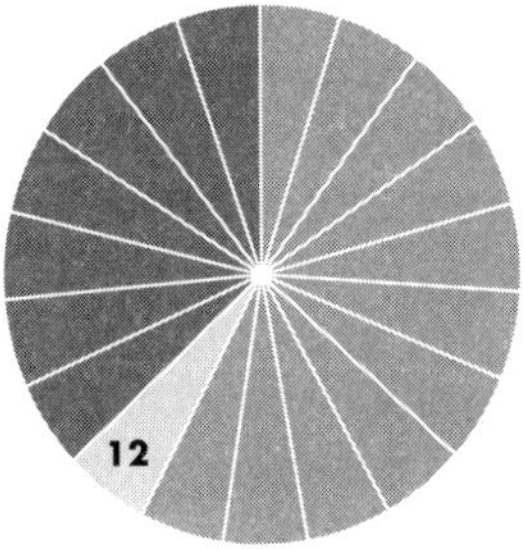

Une des principales idées fausses du mythe du tabagisme est qu'il vous permet de rester mince. Non seulement c'est faux, mais c'est l'opposé de la vérité.

Notez votre poids actuel ici ....

Après avoir arrêté, vous pourrez consulter cette page et voir dans quelle mesure votre poids est affecté par le fait que vous soyez un non-fumeur heureux.

Le mythe selon lequel fumer vous permet de rester mince est entretenu par les images de stars de cinéma et de mannequins très sveltes que l'on voit toujours une cigarette à la main. Mais qu'en est-il de l'image de l'homme d'affaires obèse qui fume son cigare ? Est-on censé croire que fumer la cigarette permet de rester mince tandis que le cigare ferait grossir ?

Il y a 250 millions de femmes qui fument dans le monde à l'heure actuelle. Si la tendance actuelle se confirme, elles seront 340 millions en 2020.

(Source : OMS)

La situation réelle

Les fumeurs de cigares ne sont pas les seuls à avoir du mal à contrôler leur poids. C'est également le cas de la plupart des fumeurs de cigarettes, en particulier les gros fumeurs. Certains mettent cela sur le compte de la personnalité addictive : tout comme ils ne peuvent cesser de fumer, ils ne peuvent s'arrêter de manger.

Il y a un lien entre tabagisme et suralimentation, mais cela n'a rien à voir avec la personnalité et tout à voir avec l'addiction à la nicotine.

Là encore, l'addiction à la nicotine inverse la réalité pour créer l'illusion.

FUMER NE VOUS FAIT PAS PERDRE DU POIDS, MAIS ESSAYER D'ARRÊTER AVEC LA MAUVAISE MÉTHODE PEUT VOUS FAIRE GROSSIR

Beaucoup de fumeurs prennent du poids lorsqu'ils essaient d'arrêter de fumer avec la méthode fondée sur la volonté. Vous connaissez probablement des gens à qui cela est arrivé. Vous êtes peut-être vous-même concerné. Nous avons observé ce qui se produit lorsque nous laissons notre mental passer outre notre instinct et la façon dont nous confondons la sensation de faim avec la sensation de vide provoquée par l'état de manque de nicotine. Les deux sont presque impossibles à distinguer.

En tant que fumeur, vous vous réveillez le matin et ressentez à la fois la sensation de faim et le besoin de nicotine.

Vous avez passé la nuit entière sans satisfaire aucune de ces deux envies, qui seront donc pressantes.

Cependant, vous ne serez pas en mesure de différencier les deux sensations. Le Grand Monstre dans votre esprit interprètera les deux signaux comme « J'ai envie d'une cigarette ».

Exercice

Aujourd'hui, dès que vous aurez faim ou qu'il sera presque l'heure du repas, notez la façon dont vous vous sentez, aussi bien physiquement que mentalement. Les symptômes courants sont les suivants : vous vous sentez agité, irritable, distrait ou vous éprouvez juste un sentiment de vide et d'insécurité. Ce sont des sensations très subtiles et si vous n'y êtes pas attentif, elles peuvent facilement passer inaperçues. Concentrez-vous sur ces sensations et notez ce que vous ressentez.

....

....

....

....

....

« Je serai à tout jamais reconnaissant envers ce livre, il m'a permis d'économiser des centaines de dollars, sans parler de ses bénéfices sur ma santé. Tous ceux que je connais qui l'ont lu ont arrêté. C'est si simple ! Encore merci Allen ! »

Craig N. Shelbourne, Ontario, Canada

Une faim permanente

À présent, comparez vos notes avec les sentiments de peur de l'état de manque de nicotine que vous avez décrits aux pages 50-51.

Les fumeurs auront tendance à réagir au sentiment de vide en allumant une cigarette, mais que se passe-t-il quand vous ne pouvez pas fumer ? Comme vous développez une tolérance à la nicotine à chaque cigarette que vous fumez, votre manque de nicotine n'est jamais totalement satisfait.

Un fumeur ressent donc une sorte de faim permanente. Plus il fume, plus il éprouve cette sensation de manque. Lorsqu'il ne peut fumer, il comble le vide en mangeant.

C'est pourquoi les gros fumeurs, bien loin d'être aussi minces qu'on pourrait le penser si le tabac aidait à contrôler son poids, sont souvent obèses.

LES FUMEURS N'ÉPROUVENT JAMAIS LA SENSATION DE SATISFACTION TOTALE QUE RESSENTENT LES NON-FUMEURS, ILS ONT DONC TOUJOURS TENDANCE À MANGER DAVANTAGE

Une fois que notre faim est satisfaite, nous savons que nous avons assez mangé. C'est le signal de la nature qui nous aide à contrôler notre poids.

Si nous ne nous sentons jamais satisfaits, nous ressentons toujours l'envie de manger davantage.

En tant que non-fumeur, vous serez bien plus sensible aux signaux naturels de votre corps, ainsi vous parviendrez mieux à contrôler votre poids sans ressentir la moindre privation.

La nourriture réconfortante

Une des choses que nous avons tendance à faire lorsque nous nous sentons mal est de manger. Nous nous tournons vers la nourriture pour nous remonter le moral, et il ne s'agit pas de nourriture saine et nutritive mais de junk food grasse et sucrée. Tout le monde a le cafard de temps à autre et est susceptible de manger pour se consoler, mais les non-fumeurs n'ont pas le problème supplémentaire d'être esclaves à la nicotine, ils sont donc moins sujets à consommer une nourriture réconfortante que les fumeurs.

Les ex-fumeurs qui arrêtent avec la méthode fondée sur la volonté vivent également un calvaire que ne connaissent pas les non-fumeurs. Ils pensent qu'ils font un sacrifice. Vous souvenez-vous des Nouveaux Convertis et des Pleurnicheurs ? Ils se sentent privés et bien-pensants, ils se « récompensent » donc avec des bonbons, du chocolat, des gâteaux et autres aliments qui font grossir.

Il est important de garder à l'esprit que c'est ce qui se produit lorsque vous arrêtez avec la méthode fondée sur la volonté – et non avec La Méthode simple.

LORSQUE VOUS ARRÊTEZ AVEC *LA MÉTHODE SIMPLE*, IL N'Y A AUCUN SENTIMENT DE PRIVATION, VOUS NE RESSENTEZ DONC PAS LE BESOIN DE REMPLACER LA CIGARETTE PAR QUOI QUE CE SOIT

« Pendant sept ans, j'ai dépensé une petite fortune en cigarettes, tolérant un grand nombre de contrariétés que les jeunes gens ne devraient pas tolérer. Je pensais être une personne stressée, manquant de confiance en moi qui se sentirait horriblement mal sans sa béquille. Maintenant, grâce à La Méthode simple d'Allen Carr, non seulement j'ai totalement arrêté de fumer, mais je me réjouis à chaque nouvelle journée qui commence. »

Jack Seymour, Surbiton, Royaume-Uni

La théorie métabolique

Vous avez peut-être entendu dire qu'on prend du poids en arrêtant de fumer parce que le tabac accélère le métabolisme. La théorie étant que lorsque vous arrêtez de fumer, votre métabolisme ralentit et vous brûlez moins de calories. Rappelez-vous que le Grand Monstre a été créé en grande partie grâce à des « experts » de ce genre, dont le point de vue est contraire à l'évidence.

Il y a deux facteurs qui décident si vous allez ou non être en surpoids :

1. La quantité de nourriture que vous ingérez.
2. La quantité de nourriture que vous brûlez.

Fumer vous incite à manger plus que vos besoins car cela crée une faim permanente. Vous brûlez également moins de calories car le tabagisme réduit votre énergie et votre capacité pulmonaire, le sport devient donc plus difficile et moins attrayant.

Les fumeurs font moins de sport parce qu'ils ont tendance à éviter toute activité qui les empêche de fumer. Et moins vous faites d'exercice, plus vous devenez apathique.

L'exercice entraîne une poussée d'adrénaline qui crée une véritable sensation d'euphorie. Contrairement à la nicotine, il n'y a pas de contrecoup après l'euphorie. Le bénéfice sur le mental est de longue durée, puis vous revenez lentement à la normale.

L'impact du tabagisme sur le métabolisme de base est négligeable. Si vous avez déjà constaté les calories brûlées en faisant du vélo d'appartement, vous connaissez les efforts nécessaires pour brûler un nombre significatif de calories. Fumer ne suffit pas.

Le mythe de l'appétit

Le tabac ne coupe pas l'appétit. En tant que fumeurs, nous pensons le contraire, et les raisons sont nombreuses :

Tout d'abord, comme je l'ai déjà mentionné, lorsque les fumeurs arrêtent avec la méthode fondée sur la volonté, ils ont tendance à compenser en mangeant et buvant davantage. C'est pourquoi ils prennent du poids. Pourtant, ce processus semble confirmer la théorie selon laquelle le tabac coupe l'appétit. La sensation de vide et d'insécurité de l'état de manque de nicotine est comparable à la faim, ce qui crée souvent une confusion entre les deux. Vous fumez une cigarette, la sensation de faim se dissipe et vous pensez à tort que la cigarette a soulagé votre faim.

Savez-vous ce qui se passe lorsqu'un non-fumeur a une faim de loup et s'abstient tout de même de manger pendant quelques minutes ? La faim disparaît. La même chose arrive aux fumeurs, qu'ils fument une cigarette ou non. Mais lorsqu'ils allument une cigarette à ce moment-là, ils lui attribuent la disparition de la faim. Là encore, l'illusion de la cigarette coupe-faim est entretenue.

Avez-vous déjà vu une marque de cigarette prétendant être « des cigarettes de régime » ?

« Lorsqu'elles sont consommées dans le cadre d'une alimentation hypocalorique, ces cigarettes vous aident à perdre du poids en réduisant votre appétit. »

Aucune marque de cigarette ne fait de telles allégations, pour une raison simple :

Les cigarettes n'ont aucune efficacité en tant que coupe-faim.

Si c'était le cas, ce serait écrit sur le paquet. Personne ne pourrait empêcher les fabricants de tabac de le faire savoir… si c'était vrai.

Anomalies

Il est vrai, bien sûr, que certains fumeurs sont minces et que certains non-fumeurs sont en surpoids. Cela réfute-t-il la théorie selon laquelle fumer vous donne une sensation de faim permanente et vous rend apathique dès lors qu'il est question de sport ?

Absolument pas. En réalité, le tabagisme et le surpoids sont deux problèmes distincts.

**VOUS NE RÉSOUDREZ PAS
UN PROBLÈME DE POIDS EN FUMANT,
PAS PLUS QUE VOUS N'EN AUREZ UN EN ARRÊTANT**

Quoi qu'il en soit, vous êtes davantage susceptible d'avoir un problème de poids en tant que fumeur qu'en tant que non-fumeur. La prochaine fois que vous serez entouré de fumeurs, jetez un coup d'œil à leur apparence physique. Combien d'entre eux sont de corpulence parfaite et combien sont en surpoids selon vous ?

Comme pour toutes les illusions qui entourent le tabagisme, une fois que vous y regardez de plus près et que vous voyez la vérité pour ce qu'elle est réellement, vous ne pouvez plus croire au mythe selon lequel fumer vous permet de rester mince.

Notes

Votre programme personnel

J'ai lu et compris les points suivants sur le tabagisme et le poids :

- ☐ Fumer ne me permet pas de perdre du poids, mais essayer d'arrêter en employant la mauvaise méthode peut me faire grossir
- ☐ La nicotine crée une sensation permanente comparable à la faim
- ☐ Les ex-fumeurs qui éprouvent un sentiment de privation ont tendance à se remonter le moral avec de la « nourriture réconfortante ». Je ne ressentirai pas le besoin de faire cela
- ☐ L'exercice me fait me sentir bien tant au niveau physique que mental
- ☐ Fumer réduit ma capacité à faire de l'exercice
- ☐ Si les cigarettes contenaient une substance qui me faisait perdre du poids, les fabricants l'indiqueraient sur les paquets

DERNIER CONTRÔLE

- ☐ *Tout est clair et bien compris*

Ne cochez pas cette case tant que vous n'en aurez pas reçu l'instruction, au Chapitre 18.

13

Les fumeurs sont tous les mêmes

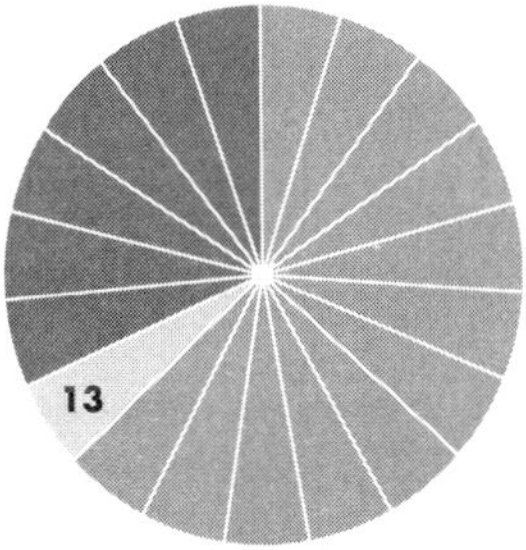

En dépit du fait que des millions de gens fument et que des millions de gens essaient d'arrêter chaque année, chaque fumeur a des raisons de croire que son cas est particulier. Examinons donc votre profil personnel.

Quel type de fumeur êtes-vous ?

- ☐ **Petit**
- ☐ **Régulier**
- ☐ **Occasionnel**
- ☐ **Gros**
- ☐ **Intermittent**
- ☐ **En cachette**
- ☐ **Homme ou femme ?**

Les petits fumeurs

Vous avez sans doute entendu l'expression « un peu de tout, mais sans excès, ne peut pas faire de mal ». Cela veut dire que rien n'est mauvais pour l'organisme, à condition de ne pas en abuser. C'est sans doute vrai pour certaines choses, mais vous devez savoir fixer des limites. Diriez-vous à un adolescent : « Prends une petite dose d'héroïne, ça ne peut pas te faire de mal » ?

Les ex-fumeurs qui retombent dans le piège se disent rarement : « C'est désespérant. Je suis en train de redevenir un gros fumeur. »

En général, ils se disent plutôt : « J'ai réussi à résister à la tentation pendant si longtemps, je peux bien en fumer une, ça ne va pas me faire de mal », ou « Je n'en fumerai que quelques-unes par jour, ça ne peut pas me faire de mal ».

Ils ne pourraient être plus éloignés de la vérité. Une seule cigarette suffit à vous faire retomber dans le piège de la nicotine. Et si ces fumeurs savaient que cette cigarette est celle qui va les inciter à fumer pour le reste de leur vie, ils ne l'allumeraient pas.

C'est de penser à une seule cigarette plutôt qu'à 100 000 qui rend l'idée tolérable.

Croire que l'on peut contrôler la quantité des cigarettes fumées est ce qui précipite les fumeurs dans le piège en premier lieu. La mouche a-t-elle le moindre contrôle une fois qu'elle se pose sur la plante carnivore ?

Il est essentiel que vous ne perdiez pas de vue cette simple vérité sur l'addiction à la nicotine :

C'EST LE TABAGISME QUI VOUS CONTRÔLE,
ET NON L'INVERSE

PROPOS DE MARIAN, CARDIFF (PAYS DE GALLES) :

Ma grand-mère avait l'habitude de fumer une cigarette par jour, après le dîner. Nous trouvions cela hilarant. Quitte à fumer, pourquoi se limiter à une seule cigarette ? Je veux dire, si on aime ça, pourquoi ne pas aller jusqu'à deux cigarettes ? Elle avait l'habitude de dire que cela doublerait ses dépenses. Une, c'était son petit plaisir.

Lorsque je suis devenue fumeuse, j'ai commencé à envier ma grand-mère. Très vite, je me suis mise à fumer 20 cigarettes par jour, en espérant pouvoir réduire ma consommation. Il y avait certaines cigarettes que j'attendais avec impatience, mais je fumais les autres de façon mécanique. Une ou deux me semblait être la ration idéale. Mais je ne comprenais pas comment elle y parvenait. Chaque fois que j'essayais de réduire ma consommation, même à 10 cigarettes journalière, cela me rendait dingue. Un jour de Noël, ma sœur et moi parlions de la cigarette quotidienne de notre grand-mère et nous avons décidé de tenter une expérience. Nous voulions voir ce qui se passerait si elle ne fumait pas sa cigarette après le dîner, nous avons donc caché son paquet et prétendu ne pas en avoir. Je n'ai jamais rien vu de tel. Elle a passé une heure à tout mettre sens dessus dessous dans la maison à la recherche de ses cigarettes et ma sœur et moi sommes devenues si inquiètes que nous avons fait semblant de les retrouver, juste avant qu'elle ne fonde en larmes ! C'était incroyable. J'avais toujours supposé que quelqu'un parvenant à ne fumer qu'une cigarette par jour pouvait très bien s'en passer. Comme j'avais eu tort ! Elle était aussi contrôlée par les cigarettes que n'importe qui d'autre. C'était effrayant.

Si vous pouviez choisir le nombre de cigarettes idéal, combien en fumeriez-vous par jour ?

....

Tous les fumeurs envient les petits fumeurs – ceux qui, comme la grand-mère de Marian, parviennent à restreindre leur tabagisme à une ou deux cigarettes par jour. Les petits fumeurs renforcent l'illusion de plaisir. Ils semblent faire preuve d'un certain discernement et être capables d'exercer un choix sur le moment où ils fument, créant l'impression que cela ajoute une dimension de plaisir supplémentaire à un moment déjà agréable.

Mais regardez comment la grand-mère de Marian réagit lorsqu'elle ne trouve pas ses cigarettes ! Pensez-vous qu'elle exerce le moindre contrôle sur le fait de fumer ou pas sa cigarette quotidienne ? Absolument pas. Lorsqu'elle n'a pas été en mesure de prendre sa dose, les deux monstres l'ont poussée à mettre la maison sens dessus dessous !

Elle était aussi accro à cette unique cigarette par jour qu'un gros fumeur l'est à ses trois paquets quotidiens. Elle passait 23 heures 55 minutes chaque jour à attendre cette unique cigarette.

Quel que soit le nombre de cigarettes que vous fumez, le piège est le même.

AUCUN FUMEUR NE CONTRÔLE LA SITUATION

IL N'Y A AUCUN PLAISIR DANS AUCUNE CIGARETTE

C'EST COMME METTRE DES CHAUSSURES TROP PETITES POUR LE SOULAGEMENT DE LES ENLEVER

AUCUN FUMEUR N'EST CONTENT DE FUMER

LA PROCHAINE CIGARETTE POURRAIT ÊTRE À L'ORIGINE D'UN CANCER DU POUMON

Les fumeurs occasionnels

Les fumeurs occasionnels sont encore plus enviés que les petits fumeurs – ceux qui fument de temps à autre, apparemment quand bon leur semble. Ils peuvent rester des jours sans fumer une cigarette, mais lorsqu'ils sortent, ils se joignent aux autres fumeurs.

Peut-être croyez-vous que cette situation est idéale : ne pas être obligé de bannir la cigarette de sa vie sans être totalement accro. Dans ce cas, répondez à cette simple question :

POURQUOI N'ÊTES-VOUS PAS DÉJÀ
UN FUMEUR OCCASIONNEL ?

Si vous prétendez en être un, pourquoi lisez-vous ce livre ?

Proposition

S'il existait un livre qui prétendait vous permettre de ne fumer qu'une cigarette par jour, l'achèteriez-vous ?

☐ Oui **☐ Non**

Mieux encore, imaginez que vous puissiez réduire votre tabagisme de sorte que vous ne fumiez que quand vous en avez envie. Cela vous intéresserait-il ?

☐ Oui **☐ Non**

Mais c'est exactement ce que vous faites déjà. Quelqu'un vous a-t-il déjà braqué un revolver sur la tempe pour vous forcer à fumer ? C'est vous qui avez allumé toutes les cigarettes que vous avez fumées, personne ne vous y a forcé.

Vous voulez donc réduire votre consommation à une seule cigarette par jour. Très bien. Eh bien, allez-y. Qu'est-ce qui vous en empêche ?

En fait, si c'est votre idéal, pourquoi n'avez-vous pas toujours fumé une seule cigarette par jour ? Se peut-il que vous n'ayez pas été heureux de ne fumer qu'une cigarette par jour ? Bien sûr que non. Aucun fumeur ne le serait.

Nous connaissons tous des fumeurs qui parviennent à limiter leur consommation, comme la grand-mère de Marian avec sa cigarette quotidienne, croyez-vous qu'ils puissent être heureux de se restreindre ainsi chaque jour pour le reste de leur vie ? Le seriez-vous ?

Comme vous l'avez vu au Chapitre 5,

NOTRE TENDANCE NATURELLE
EST DE FUMER TOUJOURS PLUS, PAS MOINS

Il existe de nombreux facteurs qui restreignent votre consommation : le temps passé au travail et dans des lieux où il est interdit de fumer ; vos moyens financiers ; la résistance de votre organisme au poison ; les restrictions que vous vous imposez, etc. Tous ces facteurs vous empêchent de fumer à volonté. S'ils disparaissaient, la plupart des fumeurs deviendraient très vite de gros fumeurs.

Maintenant, reportez-vous à la page 175, et si vous avez noté n'importe quel chiffre autre que 0, modifiez-le maintenant.

IL DOIT ÊTRE CLAIR DANS NOTRE ESPRIT QUE
« JUSTE UNE CIGARETTE »
N'EST PAS UNE OPTION ENVISAGEABLE

Si vous enviez toujours les fumeurs occasionnels, nous allons examiner de plus près quelques exemples. Et n'oubliez pas deux choses :

TOUS LES FUMEURS REGRETTENT D'AVOIR COMMENCÉ

TOUS LES FUMEURS SE MENTENT À EUX-MÊMES
COMME ILS MENTENT AUX AUTRES

LES DOSSIERS D'ALLEN CARR

1. Le Mourant

Un soir très tard, j'ai reçu un coup de fil d'un homme qui a entamé la conversation ainsi : « Monsieur Carr, je veux arrêter de fumer avant de mourir. » Il était très sérieux. Sa voix sonnait bizarrement. Il m'a expliqué que le tabac lui avait déjà

coûté ses deux jambes, qu'il avait un cancer de la gorge et son médecin lui avait dit qu'il ne lui restait que quelques mois à vivre s'il continuait de fumer.
Il était incapable de se sevrer brutalement, il avait donc opté pour une diminution progressive. Il était passé de deux paquets à cinq cigarettes roulées par jour, mais il ne parvenait pas à descendre au-dessous.
« Vous avez choisi la pire méthode, lui ai-je répondu. Fumez autant que vous voudrez pendant quelques jours, et ensuite venez me voir. »
Il s'est mis à pleurer. Il m'a expliqué qu'il lui avait fallu un an de volonté effrénée et de supplices pour passer de 40 cigarettes à 5 et que cela l'avait brisé. J'ai accepté de le voir le lendemain.
Rappelez-vous, c'est la peur qui maintient les fumeurs dans l'addiction, et plus ils se torturent, plus elle se renforce. Les restrictions vous rendent encore plus nerveux parce que vous devez attendre chaque cigarette, ce qui augmente l'illusion de plaisir, donnant plus de prix à chaque cigarette.
Cela ne fait qu'aggraver votre panique, qui est l'un des pires obstacles à la communication.
Lors de la première séance, je n'ai pas réussi à établir un dialogue avec lui. À l'évidence, il était obsédé par l'idée qu'il devait arrêter s'il ne voulait pas mourir très prochainement. Mais au cours de la seconde séance, il a réussi à ouvrir son esprit, à comprendre le mécanisme du piège et à se libérer.
Un des points essentiels à ses yeux était la joie de ne plus subir l'emprise de la drogue. Quand il fumait 40 cigarettes par jour, il avait à peine conscience de les fumer, mais une fois descendu à 5, sa vie tout entière était contrôlée par le tabagisme.
Avant de me demander mon aide, il était allé consulter son médecin, qui lui avait conseillé : « Vous devez arrêter. C'est en train de vous tuer.
— Je sais, avait-il répondu. C'est pour cela que je viens vous voir. »
Le médecin lui a prescrit des chewing-gums à la nicotine contenant précisément la drogue à laquelle il cherchait désespérément à échapper.

Les fumeurs ont en général deux types de réponse en entendant ce récit :

1. C'est un cas exceptionnel.
2. Cela ne pourrait jamais m'arriver.

Ne vous faites pas d'illusion. Des centaines de milliers de fumeurs se retrouvent dans cet état chaque année.

Personne ne savait que cet homme était malheureux en fumant cinq cigarettes par jour. Ses proches l'ont félicité d'avoir réussi à réduire sa consommation de façon aussi spectaculaire. Pour cacher combien il se sentait stupide, il n'a jamais pleuré en public et a fait bonne figure. Il a menti.

Si seulement les fumeurs sortaient la tête du sable et admettaient qu'ils détestent fumer, l'affaire serait réglée en un rien de temps. Toute la difficulté vient de l'illusion selon laquelle le tabac apporterait du plaisir aux autres fumeurs.

LES DOSSIERS D'ALLEN CARR

2. L'AVOCATE QUI SE SENTAIT COUPABLE

Une avocate m'a appelé pour me demander une séance particulière. Je lui ai expliqué que les séances de groupe étaient tout aussi efficaces et beaucoup moins chères. Mais elle a insisté et déclaré que le prix lui importait peu. Qu'y a-t-il d'étrange là-dedans ? me direz-vous. Simplement cela : elle fumait depuis 12 ans, sans jamais dépasser deux cigarettes par jour.
Un rêve pour la plupart des fumeurs. Cela fait partie du mythe. Nous partons du principe que les fumeurs occasionnels contrôlent la situation. Les parents de cette femme étaient morts d'un cancer du poumon avant qu'elle ne commence à fumer et elle avait très peur de fumer avant de devenir accro. Puis, elle avait fait le vœu de ne jamais fumer plus de deux cigarettes par jour.
À présent, elle était terrifiée à l'idée de continuer à fumer et de contracter à son tour un cancer du poumon. Mais moins

elle fumait, moins le risque de maladie était élevé, et plus sa petite béquille lui semblait précieuse. En se rationnant à deux cigarettes par jour, elle réduisait sa motivation pour arrêter.
Le piège de la nicotine comporte de nombreuses subtilités : plus vous fumez, plus vous avez envie de fumer ; moins vous fumez, plus vous avez envie de fumer. C'est comme quelqu'un qui se retrouve ligoté : au moindre mouvement, la corde se resserre autour de son cou.
Enviez-vous cette dame qui ne fumait que deux cigarettes par jour ? Était-elle une non-fumeuse heureuse ? Bien sûr que non. Tout comme l'homme mourant, elle vivait un véritable cauchemar. Depuis 12 ans, elle était en manque de nicotine, mais sa peur de contracter un cancer du poumon lui a donné l'immense volonté de résister à l'envie de fumer, hormis vingt minutes par jour. Elle détestait être fumeuse. Tandis que les autres fumeurs enviaient son approche en apparence très détendue à l'égard des cigarettes, elle menait un combat de tous les instants contre son addiction.

CONNAISSEZ-VOUS L'HISTOIRE DE L'HOMME QUI A ESSAYÉ DE RÉDUIRE SA CONSOMMATION ?

Le fumeur n° 1 a juré de réduire sa consommation et a décidé qu'il y parviendrait en supprimant les cigarettes routinières et en ne fumant que lorsqu'il buvait un verre. Il est devenu alcoolique !

Le fumeur n° 2 était un type plutôt logique et il s'est dit que s'il arrêtait d'acheter des cigarettes, il deviendrait inévitablement non fumeur. Il avait entendu parler de plusieurs personnes qui avaient essayé cette méthode en vain, mais il était sûr de connaître la raison de cet échec : les gens se sentaient coupables d'accepter des cigarettes gratuites et finissaient par en racheter. Il a donc averti tous les fumeurs qu'il connaissait qu'il accepterait toutes les cigarettes qu'ils lui offriraient sans aucune obligation de réciprocité. Il pensa que cela les dissuaderait de lui en offrir.

Mais bien au contraire, tous les fumeurs qu'il connaissait ont commencé à lui offrir des cigarettes. C'est caractéristique de la toxicomanie : lorsque les autres drogués voient que vous essayez d'échapper au piège, ils font tout ce qu'ils peuvent pour vous y maintenir. Et pour que vous restiez avec eux.

Le fumeur n° 3 a essayé un stratagème similaire, n'acceptant des cigarettes que de sa secrétaire. Il a développé une attitude schizophrène vis-à-vis d'elle. Une part de lui-même détestait celle qui lui fournissait sa drogue et l'autre part aimait celle qui lui sauvait la vie.

Mais il s'est senti coupable de lui prendre ses précieuses cigarettes, il a donc commencé à lui acheter un paquet par jour de sa marque préférée. Au bout de trois mois, il lui achetait trois paquets par jour et en acceptait deux en retour !

Le fumeur n° 4 a décidé de passer d'un paquet par jour à une cigarette par heure. Comme il n'était éveillé que pendant 16 heures par jour, il passait les deux dernières heures de la journée sans fumer. Il s'était dit que c'était un moyen facile de passer à 14 cigarettes par jour et qu'il avait une raison de se réjouir toutes les heures.

Il n'a pas tardé à se retrouver les yeux constamment fixés sur la pendule. Chaque minute de sa vie est devenue une torture, dans l'attente du début de l'heure suivante.

Il était très discipliné – il n'allumait jamais sa cigarette avant que l'aiguille des minutes n'ait atteint le chiffre 12, mais il se tenait toujours prêt, la cigarette aux lèvres et le briquet à la main.

Réduire votre consommation augmente la valeur que vous attribuez à chaque cigarette et rend l'arrêt plus difficile et moins attractif. Cela rend malheureux et ne fonctionne pas.

Nous essayons de réduire notre consommation pour essayer d'atteindre ce nirvana illusoire entre l'esclave de la nicotine à vie et le non-fumeur. Tous les fumeurs voudraient fumer moins mais ont peur d'arrêter complètement.

SE DÉBARRASSER DE LA PEUR D'ARRÊTER DEVIENT FACILE

Cela en vaut-il la peine ?

Les petits fumeurs et les fumeurs occasionnels luttent tous contre le besoin de fumer davantage. S'ils donnent l'impression de contrôler la situation, c'est uniquement parce qu'ils ne veulent pas que les autres voient le calvaire qu'ils endurent à restreindre ainsi leur consommation.

Mais que penser de ces fumeurs occasionnels qui semblent n'avoir aucun problème avec le tabac et peuvent passer plusieurs mois sans fumer ? À l'évidence, ils ne souffrent pas.

Peut-être pas, mais pourquoi fument-ils dans ce cas ? À quoi cela sert-il ? Pensent-ils tirer un quelconque plaisir ou soutien de ces cigarettes occasionnelles ? Si c'est le cas, pourquoi attendent-ils si longtemps avant de recommencer ? Qui a envie d'attendre un an, un mois, ou même un jour pour s'octroyer un plaisir authentique ?

Si vous enviez les fumeurs occasionnels, rappelez-vous que ce sont les cigarettes qu'ils ne fument pas que vous enviez, et non celles qu'ils fument.

Si vous êtes séduit par l'idée de ne ressentir l'envie de fumer qu'en de rares occasions, imaginez comme la sensation de ne jamais ressentir ce désir serait agréable.

Les fumeurs occasionnels, comme tous les fumeurs qui essaient de réduire leur consommation, se créent de nombreux problèmes :

1. Ils restent physiquement accros à la nicotine. Leur cerveau continue donc à avoir envie de fumer.

2. Ils passent leur vie à attendre leur prochaine dose.

3. Au lieu de fumer en permanence, ils se forcent à éprouver un sentiment continuel de privation et ils sont toujours fébriles.

4. Ils renforcent l'illusion selon laquelle le tabac serait agréable ou bénéfique.

Les gros fumeurs

Les gros fumeurs n'ont même plus l'illusion du plaisir. Ils savent qu'ils sont en train de se tuer. Ils ont conscience de leur toux permanente, de leur respiration sifflante, du souffle court après avoir monté quelques marches. Ils fument presque sans en avoir conscience. Ils ne prétendent même pas apprécier le goût ou l'odeur de la cigarette. Ils sont totalement immunisés à l'un comme à l'autre.

Mais les gros fumeurs considèrent toujours le tabac comme une béquille et sont effrayés à l'idée de vivre sans fumer. Ce sont des détenus de longue durée pour qui la libération est une perspective effrayante. Pour eux, la lutte est particulièrement acharnée. D'un côté ils craignent la vie sans tabac, de l'autre ils ont peur que chaque cigarette ne soit celle qui les tuera.

Comment affrontent-ils la situation ? En faisant l'autruche. Même lorsqu'ils ont perdu leurs jambes, ils peuvent s'aveugler face à l'horreur du supplice physique que leur inflige le tabagisme. Ils sont prêts à tout pour éviter la peur d'une vie sans tabac.

Les gros fumeurs sont souvent les plus faciles à guérir. En raison de la force de leur lutte acharnée, dès qu'on arrive à les convaincre de sortir la tête du sable et que l'on dissipe leur peur de réussir, ils sont tirés d'affaire.

*** La tendance de tous les fumeurs est de devenir de gros fumeurs. Ce n'est qu'en se privant que tous ne le deviennent pas.***

** Les fumeurs pensent qu'ils n'ont aucune volonté et sont stupides de ne pas avoir arrêté. En fait, ils ont autant de volonté et d'intelligence que le reste de la population et réussir à arrêter n'a rien à voir avec la volonté.*

Les fumeurs intermittents

Les gros fumeurs envient les fumeurs occasionnels parce qu'ils semblent contrôler leur tabagisme. Les gros fumeurs ne se font aucune illusion, ils savent que le tabagisme contrôle leur vie, mais lorsqu'ils voient quelqu'un qui semble pouvoir choisir de fumer quand bon lui semble, ils supposent que cette personne peut arrêter de fumer quand elle le souhaite. Rappelez-vous :

TOUS LES FUMEURS VOUDRAIENT ARRÊTER

Les gros fumeurs n'ont pas conscience que les fumeurs occasionnels sont exactement dans le même piège qu'eux.

Il en va de même pour les fumeurs intermittents. Un peu comme les fumeurs occasionnels, ils semblent être des privilégiés, pouvant fumer et arrêter quand ils le souhaitent. Cela suppose qu'ils contrôlent la situation, mais comme nous le savons :

C'EST LE TABAGISME QUI CONTRÔLE LE FUMEUR, ET NON L'INVERSE

En réalité, les fumeurs intermittents sont les moins bien lotis. Ils ne peuvent ni fumer à volonté, ni avoir la joie d'être libres.

Le fumeur intermittent est un pauvre diable qui ne cesse de vouloir s'échapper du piège dans lequel il retombe sans cesse. C'est ainsi qu'un non-fumeur le voit.

Pourtant, les fumeurs ne le considèrent pas ainsi. Parce qu'ils pensent que le tabagisme leur apporte un plaisir ou un soutien, ils perçoivent les fumeurs intermittents comme de petits veinards qui ont la capacité de fumer quand ils le souhaitent, souvent à l'excès, et d'arrêter quand ils le décident. Bien sûr, les fumeurs intermittents eux-mêmes sont très heureux de souscrire à cette idée fausse. Ils ne veulent pas que tout le monde les prenne pour des idiots.

Si vous êtes un fumeur intermittent, posez-vous deux questions :

1. Si vous aimez réellement être fumeur, pourquoi ne cessez-vous d'arrêter ?
2. Une fois que vous avez arrêté, pourquoi redevenir fumeur ?

Les réponses sont évidentes :

1. Vous n'aimez pas être fumeur.
2. Vous n'aimez pas être non fumeur.

Quelle tragédie ! Vous n'êtes heureux ni en tant que fumeur ni en tant que non-fumeur. Vous vous trouvez dans la pire des situations. Heureusement pour vous, cette méthode est aussi efficace pour les fumeurs intermittents.

Il n'y a absolument aucune raison d'envier les fumeurs intermittents. Lorsqu'ils sont fumeurs, ils envient les non-fumeurs. Ils s'infligent un sevrage douloureux avec la méthode fondée sur la volonté mais ils ne deviennent jamais des non-fumeurs heureux. Puis ils envient les fumeurs, et se remettent à fumer. Une fois retombés dans le piège, ils se rappellent pourquoi ils voulaient devenir non fumeurs. Ils ne sont jamais heureux.

Pour devenir un non-fumeur heureux pour le reste de votre vie, vous devez acquérir un certain état d'esprit. Si vous pensez « renoncer » à quelque chose, vous trouverez peut-être la volonté de ne plus jamais fumer, mais vous éprouverez toujours un sentiment de privation. Pour la grande majorité des ex-fumeurs, la volonté finit par s'émousser et ils redeviennent fumeurs.

Tous ceux qui ont essayé d'arrêter et ont fini par se remettre à fumer savent ce que c'est d'être un fumeur intermittent. Cela s'accompagne du sentiment de s'être déçu et d'avoir déçu les autres. Les fumeurs intermittents ressentent toujours cela.

Si vous arrêtez mais que vous considérez toujours la cigarette comme un plaisir ou un soutien, vous resterez vulnérable pour le reste de votre vie. Si vous avez envie d'une cigarette, qu'est-ce qui vous empêchera d'en désirer une deuxième, puis une troisième, et ainsi de suite ?

UNE SEULE CIGARETTE, CELA N'EXISTE PAS

SANS FILET

Vous pensez peut-être : « S'il est facile d'arrêter avec La Méthode simple d'Allen Carr, quel risque y a-t-il à fumer une cigarette de temps en temps ? Même si je redeviens accro, je peux utiliser la méthode pour arrêter de nouveau. »

Si vous éprouvez le besoin ou l'envie d'une seule bouffée de tabac, c'est que vous n'avez rien compris à la Méthode.

Il est facile d'arrêter avec La Méthode simple parce qu'elle supprime toute envie de fumer. Si vous ne fumez qu'une seule cigarette, vous retomberez dans le piège de la nicotine et vous en voudrez de plus en plus, comme la mouche sur la plante carnivore.

La Méthode simple vous rendra votre liberté. Mais n'oubliez pas que pour le moment vous devez poursuivre votre lecture et continuer de fumer.

« J'ai arrêté de fumer après avoir lu le livre d'Allen Carr. Tous ceux qui lisent ce livre arrêtent de fumer ! »

Ellen DeGeneres

Ceux qui fument en cachette

Ce sont les plus pitoyables de tous. Tous les fumeurs se mentent à eux-mêmes et aux autres.

Il est difficile de dire ce qui est pire : regarder un fumeur arrivé à un stade avancé d'emphysème pulmonaire vous donnant envie de respirer à sa place ; écouter un fumeur qui vient d'être amputé d'une jambe qui essaie de vous convaincre que cela n'a rien à voir avec le tabagisme ; ou entendre un fumeur à qui on vient de diagnostiquer un cancer du poumon vous dire (et se dire) que cela en valait la peine et qu'il a apprécié chaque cigarette.

Tous les cas sont tragiques et pathétiques, mais les plus pathétiques sont ceux qui fument en cachette, promettent à leurs proches qu'ils vont arrêter mais ne le font pas, et finissent par mentir pour le dissimuler. Si vous fumez au grand jour, vous pouvez au moins prétendre que c'est votre choix. Fumer en cachette implique de devoir s'avouer qu'on n'est qu'un pitoyable esclave de la nicotine. Et aussi de vivre en se méprisant. À force de fumer dans des ruelles et des toilettes publiques, il devient impossible de penser à soi autrement que comme un drogué.

Mon éducation m'a appris à être honnête et je l'étais, sauf concernant le tabagisme. J'ai commencé à fumer en cachette et ai commencé à mentir à tous ceux qui m'aimaient et avaient confiance en moi. Le plus pathétique, c'est que je me persuadais que mes amis et ma famille croyaient mes mensonges. Étrangement, j'ai complètement fait abstraction de mes doigts, mes lèvres et mes dents jaunies et de l'odeur de tabac froid qui imprégnait mes vêtements.

Les fumeurs mentent, non pas parce qu'ils sont malhonnêtes par nature, mais à cause de l'addiction.

PROPOS DE JANE, NOTTINGHAM (ROYAUME-UNI) :

Quand ma fille avait 7 ans, elle a entendu parler du danger du tabac et elle est venue me voir un jour en me disant : « Maman, je ne veux pas que tu meures. » J'ai senti les larmes me monter aux yeux et je lui ai promis que j'allais arrêter de fumer. J'ai rassemblé toute ma volonté, jeté les cigarettes qui me restaient et j'ai réussi à tenir deux semaines sans fumer.
Je trouvais que je m'en sortais très bien, j'ai donc commencé à m'autoriser une cigarette comme récompense à la fin de la journée, lorsque ma fille s'était endormie.
Un soir, elle refusait d'aller se coucher et je commençais à devenir irritable parce que je mourais d'envie d'une cigarette. Elle a fini par s'endormir et je me suis précipitée dans la cuisine pour fumer.
Je me tenais dans l'embrasure de la porte de derrière, ayant à peine porté la cigarette à mes lèvres, quand j'ai entendu une petite voix derrière moi : « Tu ne fumes pas, hein, maman ? » J'ai fait un bond, j'ai jeté la cigarette dans le jardin et chassé la fumée d'un geste. C'était pathétique – je me sentais si coupable, comme une adolescente surprise par ses parents, sauf que j'étais une adulte, surprise par une petite fille de 7 ans. J'avais tellement honte.

Vous vous êtes peut-être demandé pourquoi nous n'avons pas défini chaque catégorie de fumeur à la page 173. C'est parce que chaque fumeur possède ses propres définitions. Quel que soit le type de fumeur que vous soyez, cela ne fait aucune différence.

TOUS LES FUMEURS SONT DANS LE MÊME PIÈGE, L'ISSUE EST LA MÊME POUR TOUS

Les fumeuses

Être mère est juste une des nombreuses pressions qui s'exercent sur les femmes dans la vie moderne. Il n'est donc pas étonnant que le nombre de femmes qui fument ait considérablement augmenté. Elles étaient auparavant une minorité, mais elles sont maintenant à parts égales avec les hommes, et dans certains pays elles sont même plus nombreuses.

Ce phénomène est en partie culturel : au cours des dernières décennies, les femmes ont adopté des comportements autrefois typiquement masculins, tels que la consommation d'alcool et de cigarettes.

Mais l'industrie du tabac a également ciblé le marché féminin, en perpétuant le mythe selon lequel les cigarettes seraient glamour et sexy, aideraient à se déstresser et à garder la ligne.

Les femmes mènent de plus en plus des carrières exigeantes, et pour beaucoup d'entre elles cela s'ajoute à leur rôle de mère. Les femmes sont plus stressées que jamais et le mensonge prétendant que le tabac soulage du stress a réussi à rendre un très grand nombre de femmes accros à la nicotine. L'industrie du tabac a exploité ce mythe de maintes façons.

Pour ce qui est de la maternité, cela pose un problème particulier. On sait depuis longtemps que le tabagisme chez la femme enceinte est nocif pour le bébé. La pression qui s'exerce sur la femme pour qu'elle arrête de fumer lorsqu'elle est enceinte est énorme. Certaines ont de la chance et perdent l'envie de fumer naturellement, mais d'autres découvrent combien il est difficile d'échapper au piège de la nicotine si on ne sait pas comment s'y prendre.

Cela peut entraîner une grossesse très pénible. Ce qui devrait être une période de joie et d'excitation est terni par la culpabilité, la peur et un sentiment d'impuissance. Certaines femmes deviennent des fumeuses en cachette, mentant même au père de l'enfant à naître pour couvrir leur culpabilité de mettre leur bébé en danger.

De nombreux médecins conseillent aux femmes de réduire leur consommation si elles ne parviennent pas à arrêter totalement. Même si cela part des meilleures intentions, cela ne fait que renforcer le problème.

Au lieu d'être libérés des symptômes de l'état de manque de nicotine quelques jours après l'arrêt, la mère et le bébé y sont soumis pendant neuf mois. De plus, l'illusion que chaque cigarette est incroyablement précieuse devient profondément ancrée dans l'esprit de la mère.

Même si les femmes réussissent à arrêter pendant la durée de la grossesse, le désir de fumer ne les quitte pas et la première pensée qui traverse l'esprit de certaines d'entre elles dès que leur enfant est né est : « Je peux fumer, maintenant ! » Certaines admettent même avoir allumé une cigarette dès que le cordon ombilical a été coupé.

D'autres parviennent à tenir un peu plus longtemps, mais, comme elles arrêtent pour le bien de leur bébé, elles ont l'impression de consentir à un sacrifice et, une fois que leur bébé est né, elles ont le sentiment de mériter une récompense. Hélas, la plupart des fumeuses qui arrêtent avant la grossesse avec la méthode fondée sur la volonté se remettent à fumer après la naissance. Et la puissance du lavage de cerveau est telle que certaines femmes commencent à fumer lorsqu'elles deviennent mères, croyant que cela les aidera à se détendre, et peut-être même à perdre du poids.

QUAND VOUS ARRÊTEZ, FAITES-LE POUR VOUS

Lorsque vous arrêtez pour quelqu'un d'autre, vous avez toujours le sentiment d'avoir fait un sacrifice. Si vous arrêtez pour la raison égoïste que vous apprécierez davantage la vie en tant que non-fumeur, vous n'aurez aucun sentiment de privation ou de sacrifice et vous serez heureux d'être libre.

Pour qui arrêtez-vous de fumer ? ....

Dépression et tendance à l'autodestruction

Chaque semaine, nous recevons des lettres et e-mails de fumeurs du monde entier, nous demandant d'éclaircir certains points. Grâce à cette correspondance, vous avez entre les mains la version la plus récente et complète de la méthode.

Les deux problèmes qui se présentent pour un petit nombre de fumeurs qui nous contactent sont liés à la dépression aiguë ou chronique et à la tendance à l'autodestruction. Ce sont deux problèmes bien distincts, néanmoins, il m'a semblé naturel de les aborder de concert. Les fumeurs qui souffrent de ces états craignent que La Méthode simple ne soit pas efficace dans leur cas. Ceux qui souffrent de dépression aiguë pensent que le tabac les aide à affronter le problème. En fait, c'est l'inverse. Il a été prouvé que le tabagisme aggravait les états de dépression. Soyez donc rassuré si vous êtes confronté à cette maladie, cette méthode sera efficace. Cette croyance ne diffère en rien de celle de n'importe quel fumeur croyant que le tabac l'aidera à gérer son stress. Vous pouvez donc vous reporter à la page 95 et remplacer le mot « stress » par le mot « dépression ».

De plus, pour ce qui est de l'autodestruction, un fumeur peut tenir le discours suivant : « Je fume pour me punir, ou pour me faire du mal ou parce que je ne prends pas soin de moi. » Si vous entretenez ce type de croyance, vous devez comprendre que vous ne fumez pas parce que cela vous fait du mal ; vous fumez parce que vous êtes accro à la nicotine. L'autodestruction a peut-être été une motivation lorsque vous avez commencé à fumer, mais n'oubliez pas que nous avons tous commencé à fumer pour toutes sortes de raisons stupides : que ce soit pour faire partie d'une bande ou au contraire pour passer pour un rebelle, ou pour essayer de passer pour un dur ou avoir l'air sophistiqué ; par simple curiosité, ou juste pour montrer notre indifférence vis-à-vis du monde. La raison pour laquelle nous avons commencé à fumer n'a aucun lien avec celle pour laquelle nous continuons – pas plus qu'elle ne nous empêche d'arrêter.

Il existe des façons bien plus efficaces pour vous faire du mal, si c'est ce que vous voulez. Fumer n'est absolument pas satisfaisant de ce point de vue dans la mesure où cela prend des années, parfois des décennies. Les gens qui veulent se faire du mal choisissent un moyen plus immédiat et douloureux. Pour résumer les choses simplement : la tendance à l'autodestruction n'est pas la raison pour laquelle vous fumez.

C'est peut-être une des raisons pour lesquelles vous avez allumé votre première cigarette, et cela peut-être une excuse pour justifier que vous ayez continué de fumer, ou encore une excuse à votre échec pour arrêter. Affirmer que c'est la raison pour laquelle vous fumez implique que vous exerciez un contrôle sur votre tabagisme. Si vous aviez le choix en la matière, vous ne seriez pas en train de lire ce livre. Ne vous méprenez pas sur mes propos. Il est possible que par le passé, vous ayez replongé dans le tabagisme après une période de sevrage en vous disant : « Qu'est-ce que ça peut faire ? Il m'importe peu de vivre ou mourir ! » Mais à ce stade, vous ne vous êtes pas jeté du haut d'une falaise. Dans ce cas, ce n'est rien d'autre qu'une excuse bidon pour justifier que vous vous soyez remis à fumer.

La bonne nouvelle, c'est que comme l'autodestruction n'est pas la raison pour laquelle vous fumez, vous n'aurez pas besoin de remplacer le tabagisme par une autre activité autodestructrice lorsque vous arrêterez. Les personnes qui vivent avec une dépression ou une tendance à l'autodestruction ont une force et une résilience incroyables et méritent notre respect et notre admiration. L'excellente nouvelle, c'est que quels que soient les hauts et les bas que vous traverserez une fois que vous aurez arrêté de fumer, je peux vous assurer que les hauts seront plus exaltants et que les bas seront plus faciles à supporter.

Votre programme personnel

J'ai lu et compris les points suivants relatifs aux différents types de fumeurs :

☐ Une seule cigarette suffit pour retomber dans le piège

☐ Tous les fumeurs sont dans le même piège. La seule façon d'y échapper est l'arrêt total du tabac

☐ Réduire sa consommation crée un sentiment de privation et augmente la valeur perçue de la cigarette suivante

☐ La seule chose qu'on envie chez le fumeur occasionnel, ce sont les cigarettes qu'il ne fume pas

☐ Les fumeurs intermittents sont dans le pire des scénarios

☐ J'arrête pour mon propre bonheur, et non pour quelqu'un d'autre

DERNIER CONTRÔLE

☐ *Tout est clair et bien compris*

Ne cochez pas cette case tant que vous n'en aurez pas reçu l'instruction, au Chapitre 18.

14

Questions brûlantes

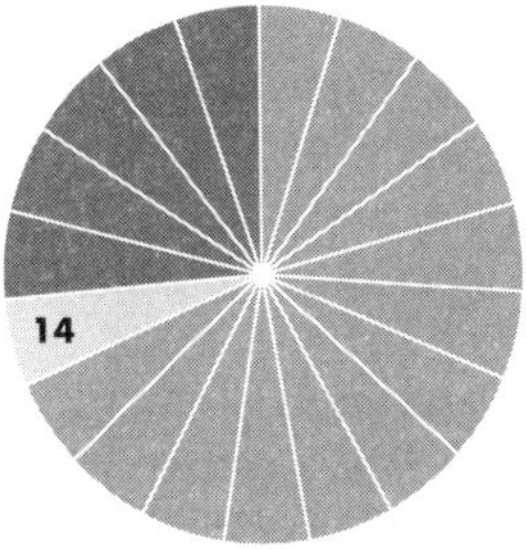

Vous avez parcouru beaucoup de chemin depuis que vous avez pris la décision de lire ce livre et de mettre un terme à votre addiction à la nicotine. Vous avez reçu cinq instructions jusqu'à présent et absorbé de nombreuses informations. Vous êtes en très bonne voie pour devenir un non-fumeur heureux.

Vous vous posez sans doute de nombreuses questions qui ne vous auraient peut-être pas traversé l'esprit avant de commencer à lire votre Programme Personnel. Ce sont les questions qu'on nous pose le plus souvent dans nos centres. Cochez celles pour lesquelles vous souhaitez une réponse.

- ☐ **Comment saurai-je que j'ai fumé ma dernière cigarette ?**
- ☐ **À quel moment serai-je devenu un non-fumeur ?**
- ☐ **Serai-je totalement libre un jour ?**
- ☐ **Puis-je apprécier la vie sans cigarette ?**
- ☐ **Que dois-je faire en période de crise ?**

La plupart des fumeurs abordent toute tentative d'arrêter de fumer avec un certain nombre d'idées fausses qu'ils considèrent comme vraies. La peur de devoir traverser une période de calvaire. L'inquiétude de ne plus pouvoir apprécier ou affronter la vie sans fumer.

Tous les fumeurs voudraient arrêter, mais ces peurs les incitent à repousser à plus tard ce qu'ils pensent être un jour fatidique.

Chacun de nous, qu'il soit fumeur ou non fumeur, subit un lavage de cerveau durant toute sa vie, tandis qu'on nous fait croire que fumer apporte une sorte de plaisir ou un soutien. Nous avons donc du mal à accepter qu'il puisse être facile d'arrêter.

Votre seconde instruction consistait à garder l'esprit ouvert. Si vous avez suivi cette instruction, vous devriez être totalement ouvert à la possibilité qu'il puisse être facile d'arrêter. Vous devriez aussi commencer à discerner clairement l'illusion selon laquelle fumer nous apporterait un plaisir ou un soutien.

Si vous avez encore des doutes sur ces points, revenez en arrière et relisez votre programme, en prêtant attention aux résumés à la fin de chaque chapitre. Il est essentiel que vous ayez compris tout ce que vous avez lu et qu'il n'y ait plus aucun doute dans votre esprit sur les extraordinaires bénéfices qui changeront bientôt votre vie.

Le pourcentage de fumeuses chez les femmes britanniques était de 41 % en 1948 et est resté relativement constant jusqu'au début des années 1970, avec un taux maximal de 45 % dans le milieu des années 1960. En 2013, il était de 17 %.

(Source : ASH
– Comité britannique de lutte contre le tabagisme)

Quand saurai-je que j'ai fumé ma dernière cigarette ?

Les fumeurs qui arrêtent avec la méthode fondée sur la volonté ne cessent jamais de croire qu'ils pourraient retomber dans le piège. Même s'ils accordent une grande importance à leur dernière cigarette, ils ne peuvent s'empêcher de penser que cela pourrait ne pas être la dernière. Dans certains cas, ils espèrent même que ce ne sera pas le cas. S'il subsiste en vous la moindre croyance que le tabagisme pourrait vous apporter un plaisir ou un soutien, l'idée de ne plus jamais fumer sera effrayante.

Avec La Méthode simple, vous fumez votre dernière cigarette sans avoir le moindre doute. Tout désir de fumer disparaît. En l'écrasant, vous ressentez une immense joie.

LA DERNIÈRE CIGARETTE
Pour vous libérer du piège de la nicotine, il ne suffit pas d'essayer ou d'espérer que vous allez réussir. Vous devez en avoir la certitude. Dans le cas contraire, vous vous exposez à une vie de tortures. Lorsque les gens arrêtent avec la méthode fondée sur la volonté, ils passent le reste de leur vie à attendre l'échec. C'est une torture que la plupart des ex-fumeurs ne peuvent supporter, ils se remettent donc à fumer. Pour l'instant, poursuivez votre lecture et continuez de fumer.

Quand deviendrai-je non fumeur ?

Tout comme les fumeurs présument que la dernière cigarette ne sera peut-être pas réellement la dernière, ils supposent également qu'ils vont devoir traverser une « période de probation » avant de pouvoir se considérer comme non fumeurs. Cela découle de la croyance selon laquelle la période de sevrage est une épreuve d'endurance, alimentée par le fait de savoir que de nombreux fumeurs échouent dans les phases initiales de l'arrêt du tabac avec la méthode fondée sur la volonté.

Les fumeurs se fixent différents repères indicatifs de la réussite :

« *Quand j'aurai réussi à rester une journée entière sans fumer.* »
« *Quand je pourrai aller boire un verre avec mes amis sans avoir envie d'une cigarette.* »
« *Quand je pourrai rédiger mon rapport professionnel mensuel sans avoir besoin d'une cigarette.* »
« *Quand je n'aurai plus l'impression d'être un fumeur.* »

Tous ces instruments de mesure présupposent que la période initiale sera difficile. Pourquoi ? Il n'y a pas de sevrage pénible. La seule chose qui peut le rendre difficile est la croyance persistante que vous êtes privé de quelque chose.

Avec La Méthode simple, il n'y a aucun sentiment de privation. Vous devenez un non-fumeur heureux à l'instant même où vous écrasez votre dernière cigarette. Vous n'avez pas besoin d'attendre que quelque chose se produise, il vous suffit de profiter de votre liberté nouvelle. Mais à un moment donné, quelques jours ou semaines plus tard, vous vivrez

LE MOMENT DE RÉVÉLATION

C'est un moment merveilleux. Lors d'une occasion où en temps normal vous auriez fumé, vous prenez conscience que l'idée même d'une cigarette ne vous a pas traversé l'esprit. Vous êtes libre. Pour certains, le moment de révélation passe presque inaperçu. Ils sont trop occupés à profiter de la vie en tant que non-fumeurs heureux pour prendre le temps d'y réfléchir.

Serai-je totalement libre un jour ?

Vous avez peut-être déjà l'impression d'avoir balayé tout désir de fumer et vous pouvez être impatient d'arriver à la fin. Dans ce cas, félicitations, mais s'il vous plaît, poursuivez votre lecture. Il y a encore des écueils qui pourraient faire échouer les anciens fumeurs les plus enthousiastes s'ils n'y sont pas préparés.

Vous avez peut-être encore de sérieux doutes. Après tout, le lavage de cerveau est profondément enraciné depuis très longtemps. Il faut avoir un esprit très ouvert pour accepter qu'une chose qu'on nous a rabâchée depuis l'enfance est fausse.

Nous avons abordé la question des illusions, mais ce sentiment de panique – auquel s'ajoutent l'irritabilité et la souffrance – que nous éprouvons (et infligeons aux autres) lorsque nous arrêtons avec la méthode fondée sur la volonté est bien réel.

Par conséquent, même si vous avez accepté le fait que le tabagisme est illogique et que vous comprenez de quelle manière l'addiction à la nicotine vous pousse à chercher un soulagement avec ce qui est précisément à l'origine de votre calvaire, il peut encore vous sembler difficile d'envisager la vie sans cigarettes. Vous risquez donc d'être dans l'attente du jour où ce qui vous a fait tomber dans le piège en premier lieu se manifestera à nouveau pour vous faire replonger.

La peur que l'adage « Fumeur un jour, fumeur toujours » soit vrai place de nombreux ex-fumeurs dans cette position. La réponse à la question étant : oui, bien sûr que vous pouvez être totalement libre, mais seulement si vous vous débarrassez du moindre doute. Certaines personnes réussissent à faire table rase de tout besoin ou envie de fumer, pourtant ils ne parviennent pas à croire qu'ils sont libres à tout jamais. Ils pensent :

C'EST TROP BEAU POUR ÊTRE VRAI

Mais la vie n'est-elle pas presque trop belle pour être vraie ? Après tout, la naissance est un miracle, mais cela vous est arrivé ! Croyez-le. La vie est fantastique et elle n'attend que vous pour être vécue.

Puis-je apprécier la vie sans cigarette ?

Pensez aux raisons pour lesquelles vous pourriez vous poser cette question et notez-les ci-dessous.

....

....

....

À présent, reportez-vous aux conclusions des Chapitres 3, 4 et 5.

Si vous croyez que fumer vous apporte un plaisir ou un soutien, il est naturel de supposer que ne pas fumer créera chez vous un sentiment de privation. Pour de nombreux fumeurs, c'est la pensée de devoir vivre sans ces « cigarettes spéciales » qui est source d'inquiétude.

« Les bénéfices dont je profite en devenant une non-fumeuse heureuse sont innombrables. Je ne suis presque plus jamais anxieuse et je me concentre beaucoup mieux ! Je passe davantage de moments privilégiés avec mon fils, sans me demander en permanence où sont mes cigarettes et mon briquet ! Merci beaucoup à Allen Carr de m'avoir permis de revenir là où j'en étais avant de m'égarer ! »

Gemma, Royaume-Uni

LES DOSSIERS D'ALLEN CARR

3. Le rêveur

Ce patient a assisté à une séance dans un de nos centres et semblait très satisfait en partant. Il avait écouté attentivement et était très déterminé à arrêter. C'était une personne optimiste dont le seul problème dans la vie était d'être un gros fumeur. Je pensais qu'il lui serait facile d'arrêter après une seule séance. Neuf mois plus tard, il m'a téléphoné. « Monsieur Carr, cela vous dérangerait beaucoup si je revenais vous voir ? » Il était persuadé d'avoir compris le mécanisme du piège, et à en juger par notre conversation, celui-ci n'avait plus de secret pour lui. Il n'avait pas fumé une seule cigarette depuis neuf mois et ne ressentait aucun symptôme physique de l'état de manque (ces derniers disparaissent au bout de quelques jours). Pourtant, il disait éprouver le sentiment « d'attendre que quelque chose se produise ». Ce fut une remarque apparemment anodine, prononcée au moment où nous nous disions au revoir, qui m'a mis sur la voie.

J'ai mentionné que j'organiserais une séance à Paris le printemps suivant, à laquelle il a réagi en me disant : « J'ai du mal à accepter l'idée que je ne pourrai jamais écouter un air d'accordéon assis à la terrasse ensoleillée d'un café parisien, avec un verre de vin à la main, une Gauloise dans l'autre, en regardant les passants. » Il venait juste de décrire une situation que beaucoup de fumeurs considéreraient comme le cadre idéal de leur cigarette préférée.

Je lui ai répondu : « La dernière fois que vous vous êtes trouvé dans cette situation, tiriez-vous consciemment sur votre Gauloise en vous disant que la fumée qui entrait dans vos poumons avait quelque chose de paradisiaque ? »

À ma grande stupéfaction, il m'a répondu qu'il n'était jamais allé à Paris et n'avait jamais fumé de Gauloises ! Voilà tout le pouvoir du lavage de cerveau : il ne lui était pas venu à l'esprit que son rêve n'était qu'un mythe.

Nous avons montré au Chapitre 5 que la notion de « cigarettes spéciales » était une illusion, et qu'au lieu de vous apporter du plaisir elles ne semblaient spéciales que parce qu'elles interviennent en général après une période d'abstinence.

ÉVITER DE SOUFFRIR N'EST PAS LA MÊME CHOSE QU'ATTEINDRE LE BONHEUR

Au cours de votre vie de fumeur, il y a eu un grand nombre de cigarettes qui avaient un goût bizarre, de tabac froid ou même un goût répugnant. Mais vous rappelez-vous avoir pensé en fumant une cigarette : « Comme j'ai de la chance d'être fumeur ! » ? Vous vous souvenez sans doute de certains repas et sorties pendant lesquels vous vous êtes senti au supplice parce que vous ne pouviez pas fumer, et à quel point vous avez été soulagé de pouvoir enfin allumer une cigarette. C'est bien différent.

Si vous êtes honnête, vous remarquerez que les seules occasions où vous êtes conscient de votre tabagisme sont celles où vous avez envie de fumer alors que cela vous est interdit, ou bien lorsque vous avez une cigarette aux lèvres, mais que vous regrettez de l'avoir allumée.

SI VOUS CONTINUEZ DE CROIRE AU LAVAGE DE CERVEAU SELON LEQUEL VOUS NE POUVEZ APPRÉCIER CERTAINES SITUATIONS SANS CIGARETTE, C'EST CE QUI SE PRODUIRA

Vous devez analyser ces situations pour comprendre pourquoi la cigarette semble en accroître la valeur et qu'en réalité elle a l'effet contraire.

Au lieu d'entretenir l'illusion en pensant : « Je ne pourrai pas profiter de telle ou telle situation sans une cigarette », souvenez-vous de la réalité :

C'est formidable ! Je peux profiter de ce moment sans être esclave de la cigarette et sans m'étouffer avec des fumées toxiques !

La vérité tient de l'évidence : les situations que les fumeurs associent avec leurs cigarettes préférées sont les occasions également appréciées par les non-fumeurs. Mais ces derniers les apprécient davantage parce qu'ils ne sont pas forcés de fumer.

Maintenant, pensez à toutes les situations que les non-fumeurs apprécient mais que les fumeurs redoutent.

Un voyage en avion pour partir en vacances
Une sortie au cinéma ou au théâtre
Un repas dans un restaurant chic
Un événement sportif
Une bonne journée au bureau
Un rendez-vous galant avec un beau non-fumeur

Toute situation où il est interdit de fumer devient source de souffrance pour le fumeur. Lorsque vous devenez non fumeur, vous redécouvrez tout un monde de distractions et d'opportunités que vous pouvez désormais apprécier, libéré de la tyrannie du tabagisme. C'est le monde que vous connaissiez avant de commencer à fumer. Cela s'appelle

LA LIBERTÉ

Si vous n'êtes pas tout à fait convaincu à propos de ce point, revenez à la page 92 et relisez le paragraphe consacré aux « cigarettes spéciales ».

Que faire en situation de crise ?

Nous sommes donc convenus que fumer ne vous apporte aucun plaisir, cela ne vous donne que l'illusion du plaisir en soulageant la détresse provoquée par l'envie d'une cigarette.

Nous nous sommes mis d'accord sur le fait que ce sont les cigarettes qui engendrent cette souffrance au lieu de la soulager. Nous comprenons que comme nous avons été dupés, nous avons cru que le tabac nous aidait à gérer le stress. Nous avons percé à jour cette escroquerie (voir schéma page 96).

À cause du mythe selon lequel le tabac soulagerait du stress, les fumeurs croient également qu'il apporte un soutien dans les situations de crise.

Un des scénarios classiques que l'on voit dans les téléfilms ou au cinéma est celui d'un personnage qui apprend une mauvaise nouvelle et s'assied une cigarette à la main pour se remettre de ses émotions. Le message est clair : « Ce personnage fait face grâce à la cigarette. »

Dans la vie réelle, fumer n'apporte aucune aide face à un traumatisme. En fait, il ne fait que l'aggraver.

Prenons l'exemple d'une panne de voiture en pleine nuit sous la pluie. Même si vous n'avez jamais été dans cette situation, il n'est pas difficile d'imaginer ce que vous ressentiriez. Vous êtes sur le tronçon le plus dangereux de la route, il fait nuit, il pleut et votre portable n'a pas de réseau. Personne ne s'arrête pour vous aider. Au lieu de cela, les autres conducteurs foncent à 130 kilomètres à l'heure en vous aspergeant et en klaxonnant, comme si vous aviez choisi d'être coincé là par ce temps.

Dans ce genre de circonstances, un fumeur allumerait sans aucun doute une cigarette, mais cela ne change en rien la situation. Il est toujours bloqué sous la pluie. Tout ce qui a changé, c'est qu'il a partiellement soulagé le stress qu'un non-fumeur n'aurait pas éprouvé. Il n'est pas moins stressé que ne le serait un non-fumeur.

Si après avoir arrêté de fumer vous continuez de croire que le tabac apporte un soutien, que se passera-t-il la prochaine fois que vous vous trouverez dans une situation similaire ? Votre première pensée sera : « Dans des moments comme celui-là, j'aurais fumé une cigarette. »

Mais repensez à la dernière fois où vous avez été confronté à ce type de situation. La cigarette a-t-elle résolu votre problème ? Ou l'a-t-elle même rendu moins grave ? Avez-vous pensé, rempli de joie : « Je m'en fiche d'avoir froid, d'être mouillé, affamé et fatigué, au moins j'ai cette merveilleuse cigarette. » Ou étiez-vous juste tout aussi affligé ? En fait, vous paniquiez sans doute à l'idée d'être à court de cigarettes !

Quand les ex-fumeurs qui ont arrêté avec la méthode fondée sur la volonté sont confrontés à ce genre de situation, ils commencent à se morfondre, regrettant de ne pas avoir une cigarette. Ils ne se rendent pas compte que le tabac ne ferait qu'aggraver les choses, en ajoutant un stress supplémentaire.

VOUS SEREZ UN NON-FUMEUR, ET NON UN EX-FUMEUR

Acceptez qu'il y aura des hauts et des bas dans votre vie, que vous soyez fumeur ou non fumeur. Si vous pouvez remédier aux problèmes, faites-le. Dans le cas contraire, chassez-les de votre esprit et passez à autre chose. Essayer de vous en débarrasser en fumant aura l'effet opposé. Cela vous apportera davantage de problèmes. Ne pas fumer une cigarette tout en le regrettant vous rendra plus malheureux – vous ne ferez que broyer du noir en rêvant à une illusion.

Que ce soit bien clair dans votre esprit :

ÉLIMINER LES CIGARETTES DE VOTRE VIE NE CRÉÉ PAS DE VIDE

Les ex-fumeurs qui ne comprennent pas cela souffrent le martyre : leur situation ne fait qu'empirer.

ADDICTION CONTRE DÉPENDANCE

Les soi-disant experts en toxicomanie emploient souvent des termes qui créent de nouveaux problèmes pour les drogués. Le plus courant étant « renoncer », ce qui implique un sacrifice. Un autre étant « dépendance ». Vous n'êtes dépendant que d'une chose nécessaire à votre survie.

Personne n'est jamais dépendant à la nicotine, à l'alcool, à l'héroïne ou à la cocaïne – les gens pensent simplement l'être. En employant le mot « dépendance », les médecins et autres soi-disant experts renforcent le lavage de cerveau et confirment les peurs des toxicomanes.

Il ne faut pas confondre les termes « addiction » et « dépendance ». Les diabétiques de type 1 dépendent de l'insuline pour leur survie, mais cela ne fait pas d'eux des toxicomanes. Ils ont de bonnes raisons de recourir à ce produit et ils contrôlent la situation. L'addiction est l'opposé. Tous les fumeurs, y compris les occasionnels, sont accros à la nicotine : ils n'ont aucune raison rationnelle de fumer et ne contrôlent rien.

Soyez préparés

Parce que les crises et les incidents traumatisants se produisent peu fréquemment et sans crier gare, ils peuvent vous prendre par surprise. Vous pouvez penser que vous comprenez le piège et avez éliminé tout besoin ou envie de fumer ; vous pouvez passer des années en tant que non-fumeur heureux, mais une situation de crise survient et vous déstabilise, puis dans un coin de votre esprit une pensée surgit : « Dans des moments comme celui-là, j'aurais allumé une cigarette. »

N'OUBLIEZ PAS : une simple pensée ne veut pas dire grand-chose. C'est ce que vous en faites qui importe réellement.

Au lieu de vous dire : « Dans des moments comme celui-là, j'aurais allumé une cigarette » et de vous inquiéter, pensez plutôt combien vous affrontez mieux la situation maintenant que vous n'êtes plus esclave de la nicotine. Ce sont les moments où vous devez vous rappeler à quel point vous avez de la chance d'être libre.

GÉNIAL – JE SUIS NON FUMEUR !

Notes

Votre programme personnel

J'ai lu et compris les points suivants en réponse à mes questions brûlantes :

- ☐ Avec La Méthode simple, je terminerai ma dernière cigarette en ayant la certitude absolue que je ne fumerai plus jamais
- ☐ Je deviendrai un non-fumeur heureux à l'instant où j'aurai écrasé ma dernière cigarette
- ☐ Tout le monde peut devenir libre, à condition de prendre cette décision après avoir éliminé tous les doutes
- ☐ Éviter d'être malheureux n'est pas la même chose que parvenir à être heureux
- ☐ Éliminer les cigarettes de ma vie ne créera aucun vide

DERNIER CONTRÔLE

☐ *Tout est clair et bien compris*

Ne cochez pas cette case tant que vous n'en aurez pas reçu l'instruction, au Chapitre 18.

15

Vous n'avez rien à craindre

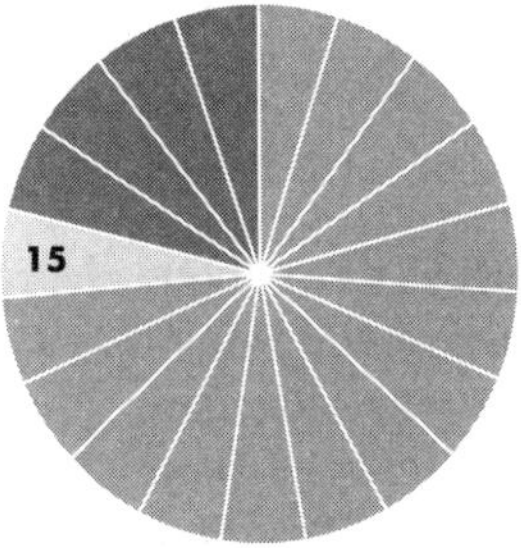

Si la peur est le fondement de l'addiction, d'où vient-elle ? Et, plus important, comment s'en débarrasser ?

Dressez deux listes : d'un côté la liste des avantages perçus du tabagisme ; et de l'autre les inconvénients.

Avantages du tabagisme		**Inconvénients du tabagisme**	
....	....	....	....
....	....	....	....
....	....	....	....
....	....	....	....
....	....	....	....

Si vous avez lu et compris tout ce que nous avons abordé jusqu'ici, cette liste ne devrait comporter qu'une colonne. J'espère que vous aurez laissé la colonne « avantages » vide.

Voir, c'est croire

Vous êtes en bonne voie pour voir la vérité sur l'addiction à la nicotine et comprendre le piège. Rien n'a changé en réalité. Les avantages et inconvénients ont été les mêmes pendant toute votre vie de fumeur. Il n'y a jamais eu de bonne raison de fumer. Il y a toujours eu un nombre incalculable de bonnes raisons d'arrêter.

Mais il existe une force qui pousse les fumeurs à fermer leur esprit face aux faits :

LA PEUR

La peur se nourrit d'un manque de compréhension. Une fois que vous êtes arrivé au stade où vous n'avez rien à écrire dans la colonne des « avantages », vous n'avez plus rien à craindre. Mais si vous croyez encore que fumer présente des avantages, vous serez vulnérable à la peur de réussir.

La peur de réussir est ce qui maintient les fumeurs dans le piège. Ils se retrouvent pris dans une lutte acharnée entre la peur du mal que leur fait le tabac et la peur de la vie sans cigarette ; comment affronteront-ils l'existence sans leur « plaisir » ou leur « soutien » ?

À cause du lavage de cerveau, ils sont certains que la vie sans tabac sera insupportable, et cela s'ajoute à la peur de ce qui leur arrivera s'ils continuent de fumer. Ils finissent comme des lapins tétanisés dans la lumière des phares, piégés par la peur.

Les non-fumeurs trouvent cela impossible à comprendre. Ils savent qu'il n'y a rien à craindre lorsqu'on vit sans tabac, ils sont déconcertés par le fait que quelqu'un risque sa vie en continuant de fumer.

*** *Lorsque vous deviendrez non fumeur, vous verrez par vous-même qu'il n'y a rien à craindre, seulement des choses merveilleuses dont vous pourrez désormais profiter.***

Jamais, c'est pour toujours

Certains fumeurs essaient de dissiper leur peur de réussir en se disant qu'ils auront toujours le choix de se remettre à fumer si la vie sans tabac est trop pénible. « Cela n'est pas forcément définitif. »

C'est vrai, chacun a le choix de fumer s'il le veut, mais lorsque vous n'éprouvez ni l'envie ni le besoin de fumer, pourquoi feriez-vous ce choix ?

Commencez en vous disant que ce n'est pas définitif, et il est probable que vous serez tôt ou tard confronté à l'échec. La seule raison pour laquelle vous pourriez vous dire que vous avez la possibilité de vous remettre à fumer est que vous croyez encore que le tabac vous apporte un plaisir ou un soutien. Si vous croyez encore cela, vous serez toujours vulnérable à la tentation de fumer et vous devrez faire appel à toute votre volonté pour y résister.

CETTE MÉTHODE SUPPRIME
TOUTE TENTATION

Au contraire, commencez avec la certitude que vous allez réussir et que vous serez libre pour toujours. Balayez tous vos doutes. Cette certitude est facile à acquérir lorsque vous vous débarrassez de la peur et de la panique.

LA PEUR D'ARRÊTER DE FUMER
A ÉTÉ CRÉÉE EN COMMENÇANT À FUMER

LES CIGARETTES SONT LA CAUSE DE LA PEUR
– ELLES NE LA FONT PAS DISPARAÎTRE !

« Ce qui me frappe le plus, c'est qu'il n'y a aucun des symptômes de l'état de manque dont les gens souffrent avec les autres méthodes. Le pourcentage de réussite (80 %) est extrêmement élevé. »

Dr Jose Alvarez Salcedo,
Chef des services médicaux, Transfesa

Acquérir une certitude

Nous avons établi que pour arrêter de fumer facilement, sans souffrance et de façon définitive, vous devez écarter tout doute. Mais comment pouvez-vous être certain qu'il ne se passera rien ? Après tout, le risque d'être touché par une météorite est infime, pourtant personne n'est certain de ne jamais y être confronté.

En tant que fumeur, vous avez un avantage considérable sur les victimes potentielles des météorites.

*** Si une météorite est sur le point de s'abattre sur vous, il n'y a absolument rien que vous puissiez faire.**

Mais vous remettre à fumer ne dépend que de vous.

Les fumeurs croient qu'ils ne peuvent jamais être certains de ne plus se remettre à fumer parce qu'ils savent qu'ils ne contrôlent pas leur tabagisme – c'est lui qui les contrôle. Personne ne les force à fumer, mais le lavage de cerveau les persuade qu'ils seront plus heureux – ou moins malheureux – s'ils restent fumeurs. N'importe quel fumeur peut reprendre le contrôle en déjouant le lavage de cerveau.

Et c'est une chose que vous pouvez contrôler. Ouvrez votre esprit, détendez-vous, percez à jour les illusions et vous aurez la certitude que fumer ne vous apporte absolument rien. Fort de cette certitude, vous n'aurez plus aucune envie d'une cigarette. Et une fois que toute envie a disparu, être un non-fumeur devient la chose la plus facile et la plus naturelle au monde.

DEMANDEZ SIMPLEMENT À UN NON FUMEUR
S'IL TROUVE DIFFICILE DE NE PAS FUMER

Passez-vous votre vie à craindre de vous mettre à vous frapper la tête avec une poêle ?

Bien sûr que non, car pour que cela se produise, il faudrait que vous preniez une poêle et que vous commenciez à vous frapper la tête avec, et vous êtes certain de n'éprouver ni le besoin ni l'envie de faire cela !

La même chose s'applique au tabagisme. Il n'y a aucune bonne raison de prendre une cigarette et de remplir vos poumons de ses fumées toxiques. Une fois que vous en êtes convaincu, vous n'avez pas plus envie de fumer que de vous frapper la tête avec une poêle.

Contrairement à ce que croient les fumeurs :

VOUS POUVEZ ÊTRE LIBRE

Pour acquérir ce niveau de certitude, vous devez vous assurer que trois points vitaux sont profondément ancrés dans votre esprit :

1. Les cigarettes ne vous apportent absolument rien.
Vous devez comprendre pourquoi. Ainsi, vous n'éprouverez aucun sentiment de privation.

2. Vous n'avez pas besoin de passer par une période de transition.
Oubliez l'idée d'une « période de sevrage » avant que l'envie ne disparaisse complètement. L'envie est mentale, et non

physique, et la vôtre aura disparu avant que vous ayez terminé votre dernière cigarette.

3. Fumer « une seule cigarette » est un leurre.
Voyez chaque cigarette pour ce qu'elle est : un des maillons d'une chaîne dont vous êtes prisonnier à vie. Ne voyez pas une seule cigarette mais 100 000. Voyez la réalité.

Une des erreurs que font les gens lorsqu'ils essaient d'arrêter avec la méthode fondée sur la volonté est d'essayer de chasser le tabac de leur esprit. Résultat : ils sont obsédés par lui. C'est ainsi que fonctionne le cerveau humain. Essayez d'éviter de penser à une chose, et elle dominera automatiquement vos pensées.

NE PENSEZ PAS À UN ÉLÉPHANT !

Quelle est la première chose qui vous est venue à l'esprit ?

SIXIÈME INSTRUCTION :
N'ESSAYEZ PAS DE NE PAS PENSER AU TABAC

Notes

Un deuil sans objet

Pour certains fumeurs qui arrêtent avec la méthode fondée sur la volonté, le sentiment de perte leur donne l'impression qu'ils sont en deuil. Tout au long de leur vie de fumeur, ils ont considéré la cigarette comme une amie, une béquille ou même une partie d'eux-mêmes – une partie de leur identité. Ils savent que c'est une amie qui leur veut du mal, mais ils ont malgré tout un sentiment de deuil lorsqu'ils l'éliminent de leur vie.

Nous avons tous peur du deuil et nous souffrons lorsque nous y sommes confrontés. Lorsque nous perdons un être cher, même si nous parvenons à surmonter la douleur initiale, il reste un vide dans notre vie. Dans certaines occasions, la conscience de son absence est plus vive : une réunion familiale, un événement quotidien que l'on partageait toujours avec cette personne. Cela nous rend tristes. Les ex-fumeurs qui font appel à toute leur volonté pour ne pas reprendre la cigarette ressentent un vide similaire, qui les touche de plein fouet à certaines occasions.

Il est compréhensible que tous ceux qui ont essayé d'arrêter avec la méthode fondée sur la volonté et vécu ce sentiment de deuil soient réticents à s'y soumettre à nouveau.

Mais de quoi font-ils le deuil ? D'une « amie » qui les a réduits à l'esclavage, leur a causé d'immenses souffrances, leur a pris leur argent et a menacé leur vie. De plus, c'est une « amie » qui n'est pas morte, mais qui veille, attendant le moment où leur volonté fléchira, pour entrer à nouveau dans leur vie pour se venger, reprendre son entreprise de destruction et chercher à les tuer !

**QUE CE SOIT CLAIR DANS VOTRE ESPRIT :
LA CIGARETTE N'EST PAS VOTRE AMIE,
ELLE NE L'A JAMAIS ÉTÉ. C'EST VOTRE PIRE ENNEMIE**

Imaginez que vous viviez dans un pays opprimé par un infâme tyran. Chaque jour, vous craignez pour votre vie, vous avez l'impression d'être captif, et chaque jour vous espérez ne plus devoir vivre sous la tyrannie. Que ressentiriez-vous si ce tyran était chassé du pouvoir ? Seriez-vous en deuil ? Ou vous réjouiriez-vous ?

**Q : QUAND L'ENVIE DISPARAÎTRA-T-ELLE ?
R : QUAND VOUS LE DÉCIDEREZ**

Le choix est simple :

1. Continuez de considérer à tort la cigarette comme votre amie et demandez-vous quand vous cesserez d'en avoir envie. Cette option vous garantira que vous serez malheureux et que vous passerez le reste de votre vie en ayant l'impression de vous priver ou que, plus probablement, vous recommencerez à fumer. ☐

2. Reconnaissez que la cigarette est un tyran qui vous a gardé en captivité, vous a fait souffrir et a en permanence menacé votre vie. La voir telle qu'elle est réellement vous permettra de cesser d'avoir envie de fumer et de vous réjouir de passer le reste de votre vie libéré du tabac. ☐

Si vous pensez être prêt à faire ce choix, cochez l'option que vous préférez.

Petits tracas

Imaginez que la révocation de ce tyran que nous avons évoqué implique quelques inconvénients dans un premier temps, comme quelques coupures d'électricité, juste pendant quelques jours. Ce serait un peu agaçant, mais cela vous empêcherait-il de célébrer la fin de la tyrannie ?

Pendant les premiers jours qui succéderont à votre dernière cigarette, le Petit Monstre mourra littéralement d'envie d'avoir sa dose et enverra des messages à votre cerveau que je veux que vous interprétiez comme « Je veux une cigarette. » Mais maintenant que vous comprenez le mécanisme à l'œuvre, au lieu de nourrir le Petit Monstre, vous vous réjouissez de le voir à l'agonie parce que vous savez que cela fait partie de la fin de la tyrannie du tabagisme.

En voyant la vérité telle qu'elle est, vous n'êtes pas tendu parce que vous ne pouvez pas fumer. Vous acceptez cette sensation pour ce qu'elle est – une légère irritation qui n'est rien de plus que ce que les fumeurs éprouvent pendant toute leur vie de fumeur. Vous reconnaissez qu'il n'y a aucune souffrance, qu'il n'est donc pas utile de paniquer, et vous vous réjouissez d'être en train de tuer le Petit Monstre.

Temps de réaction

Vous remarquerez peut-être qu'il y aura des moments, surtout pendant les tout premiers jours, où vous oublierez que vous avez arrêté de fumer. C'est courant le matin au réveil. Vous êtes à moitié endormi et vous vous dites : « Je vais me lever et allumer une cigarette. » Puis, vous vous rappelez que vous ne fumez plus.

Les sorties sont également propices à ce phénomène. Vous êtes en train de bavarder avec quelqu'un, quand soudain un paquet de cigarettes apparaît sous votre nez. Vous tendez automatiquement la main, puis vous vous reprenez.

De telles occasions peuvent faire ressurgir des doutes dans votre esprit. Vous pensiez vous être débarrassé du lavage de cerveau, alors pourquoi réagissez-vous instinctivement comme un fumeur ?

Les associations mentales entre le tabagisme et les situations sociales, ou le moment du réveil, peuvent persister longtemps après la disparition des symptômes physiques du manque. Cela ne veut pas dire que vous êtes toujours accro. Il est donc inutile de paniquer. Soyez préparé à ces situations, et si elles se produisent restez calme. Au lieu de penser : « Oh, non ! J'ai été tenté mais je ne peux pas fumer », pensez : « C'est fantastique ! Je n'ai plus besoin de fumer. Je suis libre ! »

UN BON SIGNE

Oublier momentanément que vous ne fumez plus est bon signe. Cela montre que votre vie n'est plus dominée par le tabagisme. Votre esprit est libre et vous pouvez revenir à l'état heureux qui était le vôtre avant de devenir accro.

Votre programme personnel

J'ai lu et compris les points suivants relatifs à la peur de devenir un non fumeur :

- ☐ Si je crois toujours, à tort, que fumer présente des avantages, je serai sujet à la peur de réussir
- ☐ La peur d'arrêter de fumer est irrationnelle. Elle est provoquée par le fait de commencer à fumer
- ☐ J'ai le choix
- ☐ *SIXIÈME INSTRUCTION : N'ESSAYEZ PAS DE NE PAS PENSER AU TABAC*
- ☐ La cigarette n'est pas mon amie et elle ne l'a jamais été. C'est ma pire ennemie

DERNIER CONTRÔLE

- ☐ *Tout est clair et bien compris*

Ne cochez pas cette case tant que vous n'en aurez pas reçu l'instruction, au Chapitre 18.

16
La prise de contrôle

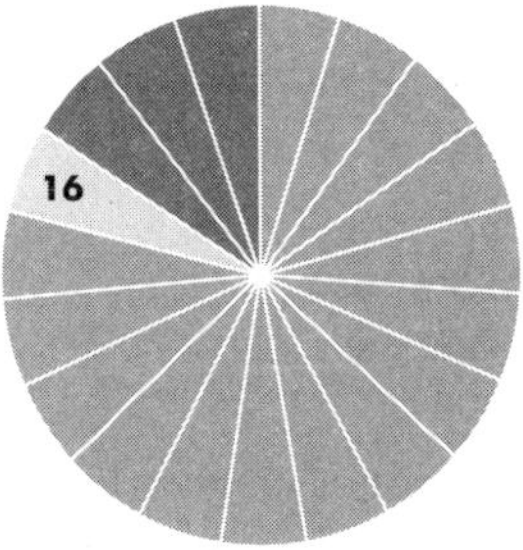

Bientôt, vous fumerez votre dernière cigarette. Tout d'abord, nous devons faire la synthèse de tout ce que vous avez lu et compris et l'utiliser pour éclaircir tous les doutes qui pourraient subsister dans votre esprit. Il est temps de prendre le contrôle.

Dans le Chapitre 1, vous avez noté les raisons pour lesquelles vous vouliez arrêter. Rappelez-vous ces raisons en les notant ici, et ajoutez-y celles qui ont pu naître dans votre esprit depuis.

....

....

....

....

....

....

Il y a beaucoup de bonnes raisons de vouloir arrêter avancées par les fumeurs.

La santé

La santé est la raison la plus fréquemment invoquée. Souvent sans même en avoir conscience, les fumeurs vivent avec toutes sortes de pathologies, prétendant que celles-ci n'a aucun lien avec le tabagisme.

Quelles sont celles que vous reconnaissez chez vous ?

- ☐ **Maux de tête**
- ☐ **Douleurs thoraciques**
- ☐ **Taches de vieillesse**
- ☐ **Essoufflement**
- ☐ **Points blancs devant les yeux lorsque vous vous levez rapidement**
- ☐ **Toux**
- ☐ **Respiration sifflante**
- ☐ **Vertiges**
- ☐ **Léthargie et fatigue**
- ☐ **Prédisposition aux rhumes et autres affections**

***** *Lorsque vous arrêtez de fumer, votre organisme livre une lutte formidable pour recouvrer la santé et vous prenez conscience de l'état déplorable dans lequel se trouvait votre corps avant d'arrêter.***

Mais c'est la connaissance des maladies provoquées par le tabagisme qui menacent la survie qui est citée par la plupart des fumeurs comme la raison principale pour laquelle ils veulent arrêter. Le lien entre tabagisme et cancer est connu depuis des décennies. Il est désormais évident qu'un grand nombre d'autres maladies sont la conséquence du tabagisme.

Parmi ces maladies, pour lesquelles êtes-vous conscient de l'influence du tabagisme :

- ☐ Cancer du poumon
- ☐ Maladie cardiaque
- ☐ Athérosclérose
- ☐ Emphysème
- ☐ Angine de poitrine
- ☐ Thrombose
- ☐ Bronchite
- ☐ Asthme
- ☐ Diabète
- ☐ Cancer du col de l'utérus
- ☐ Cancer du sein
- ☐ Accident vasculaire cérébral (AVC)

Personne ne souhaite vivre toute sa vie avec une menace de mort qui plane au-dessus de soi, et lorsqu'une menace de mort survient – qu'elle concerne le fumeur ou un de ses proches – c'est souvent un facteur déclencheur de la tentative d'arrêt du tabac.

Mais les risques de santé ne suffisent pas à nous faire arrêter. Si c'était le cas, nous pourrions remplir ce livre de statistiques destinées à vous choquer pour que vous sortiez la tête du sable et vous arrêteriez immédiatement. Seulement la tactique de choc ne fonctionne pas.

Les fumeurs font la sourde oreille face aux horribles statistiques : « Cela ne m'arrivera pas. » Mais il est encore plus difficile de comprendre comment un fumeur peut continuer de fumer après avoir été touché par la maladie. Par exemple, une fois qu'un médecin lui a dit : « Si vous n'arrêtez pas, vous allez perdre vos jambes. »

Il ne fait aucun doute que, confronté à ce choix, vous arrêteriez immédiatement. Vous devez comprendre pourquoi ce n'est pas si sûr.

Le piège de la nicotine est si subtil que plus nous craignons les effets débilitants du tabac, plus notre petite béquille nous semble nécessaire. Le fumeur à qui on annonce qu'il va devoir être amputé est terrifié, mais, comme il est accro, il cherche un réconfort avec ce qui est précisément en train de le tuer.

En définitive, les effets débilitants de l'addiction et du poison vous affaiblissent tellement, tant au niveau physique que mental, que même si vous savez que le tabac est en train de vous tuer, vous vous résignez à votre sort.

Même s'ils adoptent la politique de l'autruche, tous les fumeurs savent dès le départ qu'ils augmentent considérablement leur risque de contracter une maladie mortelle. Plus la peur et la panique s'installent, plus ils s'appuient sur leur petite béquille.

Les fumeurs savent que c'est illogique, mais ils ne comprennent pas pourquoi cela se produit. Ils se sentent impuissants et pathétiques, ce qui renforce encore le besoin de leur petite béquille.

C'EST AINSI QUE L'ADDICTION NOUS CONTRÔLE

Alors que nous savons qu'elle nous tue, elle nous fait croire qu'elle est notre amie.

N'ESSAYEZ PAS DE VOUS SERVIR DE LA SOUFFRANCE DE SE VOIR CONTRÔLÉ PAR UNE DROGUE POUR VOUS MOTIVER. PENSEZ PLUTÔT À LA LIBÉRATION ET À LA LIBERTÉ QUE VOUS RESSENTIREZ APRÈS L'ARRÊT DU TABAC

Lorsqu'un fumeur calcule combien il dépense en cigarettes par an et qu'il sait qu'une consommation moyenne de 20 cigarettes par jour correspond à plus de 100 000 euros à l'échelle d'une vie, cela suffit souvent à déclencher l'envie d'arrêter. Réfléchir à toutes les choses que vous pourriez faire avec cet argent vous permet de prendre conscience de la vie merveilleuse que vous pourriez avoir en tant que non-fumeur.

Mais l'argent seul ne suffit pas à nous faire arrêter. Les fumeurs trouvent toujours l'argent nécessaire pour alimenter leur addiction, même au détriment de choses importantes.

Même lorsqu'ils n'ont pas les moyens d'acheter leur quota habituel de cigarettes, ils réduiront leur consommation, ou fumeront des cigarettes roulées, ou mendieront, voleront ou emprunteront de l'argent pour s'assurer de pouvoir fumer. C'est une façon de vivre assez misérable, qui ne fait qu'ajouter à la haine de soi et aux souffrances du fumeur.

PLUS UN FUMEUR SE SENT MISÉRABLE, PLUS IL A BESOIN DE SA PETITE BÉQUILLE

Les fumeurs comprennent très bien la logique qui consiste à cesser de fumer pour arrêter de jeter l'argent par les fenêtres, et le fait qu'ils soient incapables de le faire ne fait que renforcer leur manque d'estime d'eux-mêmes.

N'ESSAYEZ PAS D'UTILISER L'ARGENT COMME UNE MOTIVATION POUR ARRÊTER, MAIS IL EST FORMIDABLE DE POUVOIR PROFITER DE VOTRE ARGENT UNE FOIS LIBRE !

« J'ai arrêté grâce à un séminaire portant sur La Méthode simple d'Allen Carr. Je voulais me sentir libre, ne plus être esclave de la nicotine, qui n'apporte aucun plaisir. »

Gianluca Vialli, ancien joueur et entraîneur de football

La culpabilité

La santé et l'argent entrent tous deux en ligne de compte si vos proches vous mettent la pression pour que vous arrêtiez. La pensée des répercussions d'une maladie ou de votre mort sur vos proches est terrifiante.

Aucun parent ne souhaite que ses enfants fument, mais vous savez que c'est presque inévitable si vous continuez à leur montrer l'exemple.

Dans nos centres, nous avons entendu des parents qui ont essayé d'arrêter pour cette raison, ou parce que leur enfant de sept ans leur a dit : « Je ne veux pas que tu meures, maman. »

Pourtant, même une telle épreuve émotionnelle ne suffit pas à inciter les fumeurs à arrêter.

En dépit du désir de faire ce qui est juste pour les êtres chers, ils se surprennent à mentir et à s'éclipser en cachette pour continuer de fumer.

Ils se méprisent d'agir ainsi et la culpabilité les rend malheureux.

Le désir d'arrêter est immense, et pourtant ils ne parviennent pas à s'échapper parce qu'ils ne comprennent pas le piège dans lequel ils se trouvent.

N'ESSAYEZ PAS D'UTILISER LA CULPABILITÉ QUE VOUS ÉPROUVEZ COMME SOURCE D'INSPIRATION POUR ARRÊTER. UNE FOIS QUE VOUS ÊTES LIBRE, CES HORRIBLES PENSÉES ET SENTIMENTS SE TRANSFORMENT EN UNE MAGNIFIQUE BOUFFÉE D'AIR FRAIS !

La véritable raison pour arrêter

En dépit de ces bonnes raisons d'arrêter, les fumeurs trouvent encore des excuses pour continuer de fumer. Ils mettent la tête dans le sable en ce qui concerne l'aspect financier, se disent que les horreurs de santé ne leur arriveront pas, et ils se mentent, ainsi qu'à leurs proches en promettant qu'ils arrêteront… mais pas maintenant.

La fuite en avant, le déni et le mensonge permanents ne font qu'amplifier les souffrances des fumeurs. Ils ne comprennent pas pourquoi, face à tant de raisons indiscutables d'arrêter, ils se donnent tant de mal pour continuer à fumer. Ils ne peuvent que conclure qu'ils sont pris au piège par quelque chose qu'ils ne contrôlent pas. Et c'est en soi la meilleure raison d'arrêter :

POUR REPRENDRE LE CONTRÔLE DE VOTRE VIE

Lorsque vous devenez un non-fumeur, vous avez de nombreuses raisons de vous réjouir. Savoir que vous vivez plus sainement et que votre risque de mort prématurée est instantanément réduit est une sensation formidable.

Découvrir que vous avez davantage d'argent à dépenser pour de véritables plaisirs est exaltant. Être capable de regarder vos proches droit dans les yeux et de les embrasser sans les sentir gênés par votre odeur est une sensation merveilleuse.

Mais le mieux est de ne plus vous considérer comme un esclave.

Sentir que vous avez le contrôle de votre santé, de votre argent, de vos relations et de votre vie a un effet extraordinaire sur votre assurance et l'estime de vous-même.

En revanche, sentir que vous n'avez aucun contrôle sur toutes ces choses est humiliant et lamentable. Mais vous n'avez souvent pas conscience que vous êtes tombé bien bas jusqu'à ce que vous vous échappiez du piège.

Les arguments défensifs

On voit bien que les fumeurs sentent qu'ils ne contrôlent pas la situation à la façon dont ils répondent à la question : « Pourquoi fumez-vous ? »

Leur réponse est presque toujours défensive et négative :

« Je n'ai pas remarqué que cela nuisait à ma santé » (obsession de la santé).
« J'en ai les moyens » (obsession financière).
« C'est mon seul vice » (obsession de la culpabilité).

Cela montre que les pensées liées à la santé, à l'argent et à la culpabilité sont au premier plan de leurs pensées.

Demandez à des gens pourquoi ils apprécient un plaisir authentique, comme de jouer au football, ils seront enthousiastes, invoqueront l'esprit d'équipe, l'exercice physique, le grand air, l'impression de s'accomplir, etc. Demandez à n'importe qui pourquoi il se livre à un plaisir authentique et il ne se trouvera pas d'excuses telles que l'argent, la santé ou la culpabilité.

Les fumeurs donnent des réponses défensives parce qu'ils savent qu'il n'y a aucune bonne raison de fumer et qu'ils ne le font que parce que quelque chose les contrôle.

L'ADDICTION ET LA PEUR

La peur est causée par le lavage de cerveau. Lorsque vous vous débarrassez du lavage de cerveau, la peur disparaît et vous reprenez le contrôle. C'est ainsi qu'on s'échappe du piège.

C'EST FACILE

Revenez à la page page 79. Regardez le grand encadré « les avantages » et rappelez-vous ce que le tabagisme fait pour vous : absolument rien. Vous n'êtes même pas « défoncé » !

Assurez-vous qu'il soit bien clair pour vous que l'illusion de plaisir ressentie par un fumeur n'est que le soulagement partiel et temporaire du sentiment de vide et d'insécurité créé par la cigarette précédente. Comprenez que tant que vous continuerez de fumer, vous serez contrôlé par ce sentiment. La seule façon de vous en débarrasser définitivement est d'arrêter de fumer. De façon permanente.

Tous les fumeurs veulent arrêter

Beaucoup de gens ont du mal à accepter ce fait. Les fumeurs comme les non-fumeurs supposent qu'il doit y avoir certains fumeurs qui apprécient de fumer et sont heureux de rester fumeurs pour le reste de leur vie. Mais en avez-vous déjà rencontré un ?

Connaissez-vous un seul fumeur qui n'ait essayé d'arrêter, de réduire sa consommation ou qui ne soit passé à la cigarette électronique ou à d'autres substituts, qui ne se soit jamais plaint de l'argent qu'il dépensait en cigarettes ou du fait que cela porte préjudice à sa santé ?

D'après les sondages, 70 % des fumeurs reconnaissent qu'ils veulent arrêter. Les 30 % restants ne sont pas encore prêts à l'admettre, car ce serait admettre qu'ils ne contrôlent pas la situation. Savoir cela, c'est ce que les fumeurs détestent le plus.

Tous les fumeurs pensent à court terme

De nos jours, très peu de fumeurs ont de très beaux briquets ou des étuis à cigarettes luxueux. Les hommes et femmes beaux, sexy et élégants, parfaitement habillés, allument leurs cigarettes avec des briquets en plastique bon marché. Ils n'achètent pas d'accessoire de valeur parce qu'ils espèrent arrêter à court terme !

> *« Un de mes amis a arrêté après avoir lu votre livre, j'ai donc décidé de le commander. J'ai fumé en le lisant, acquiesçant presque à chaque phrase. Après neuf mois de liberté, je savoure chaque minute. La liberté retrouvée est une bénédiction et l'argent économisé est génial. »*
>
> Richard, Palm Beach Gardens, Floride, États-Unis

Pourquoi pensez-vous que toutes les alternatives à la nicotine, comme les cigarettes électroniques, le snus, les chewing-gums et les patchs ont été si populaires à leur sortie ? Tout ce qui prétend être une alternative efficace au tabagisme est accueilli par une vague d'enthousiasme de la part des fumeurs. Pourquoi ? Parce que :

TOUS LES FUMEURS CHERCHENT
UN MOYEN SIMPLE D'ARRÊTER

La bonne nouvelle, c'est qu'il existe : c'est La Méthode simple d'Allen Carr. Elle a été une réussite pour des millions de gens dans le monde en faisant une chose que tout fumeur souhaite désespérément :

VOUS REDONNER LE CONTRÔLE

Le sentiment de reprendre le contrôle, de ne plus être un esclave pathétique, est ce qu'il y a de plus extraordinaire lorsqu'on redevient non fumeur. Vous êtes sur le point d'en faire l'expérience par vous-même.

C'est la peur de devoir endurer de terribles souffrances qui voue la plupart des fumeurs à l'échec avant même d'avoir essayé d'arrêter. Cela montre dans quelle mesure ils sont contrôlés par leur addiction à la nicotine. C'est seulement le fait de croire que l'arrêt du tabac engendre de terribles souffrances qui provoque ces souffrances. C'est complètement psychologique. Lorsque vous abordez l'arrêt du tabac sans peur de vivre un traumatisme, il n'y en a aucun.

Les souffrances que craignent les fumeurs sont créées dans leur esprit par l'addiction.

Le Petit Monstre crée une très légère sensation de vide, ce qui déclenche l'irruption du Grand Monstre dans l'esprit. Le processus de pensée qui en découle crée un véritable sentiment de gêne physique, comparable à ce que ressent un enfant lorsqu'on le prive de son jouet préféré.

L'enfant veut le jouet qu'il ne peut avoir et réagit en piquant une colère, ce qui déclenche une vague de ressentiment.

Mais vous ne voulez pas fumer, donc lorsque vous penserez aux cigarettes, vous ne vous direz pas : « J'en veux une, mais je ne peux pas. » C'est à ce moment-là que vous vous sentirez libre. Et vous ne ressentirez aucune colère.

Prenez le contrôle

Prendre le contrôle signifie changer d'état d'esprit pour adopter celui d'un non-fumeur, qui sait qu'il n'y a rien à craindre de la vie sans nicotine et comprend qu'il n'y a aucune bonne raison de fumer.

La raison pour laquelle tant de gens réussissent à arrêter avec La Méthode simple d'Allen Carr est qu'ils ont un esprit ouvert et prennent conscience qu'ils ont besoin de ne plus être esclaves de la nicotine pour le reste de leur vie.

Il est temps pour vous que les choses soient bien claires dans votre esprit :
Les cigarettes ne vous manqueront pas.
Vous profiterez mieux de la vie.
Vous parviendrez mieux à gérer le stress.
Vous ne serez pas obligé d'endurer de terribles souffrances pour vous échapper.
Par conséquent, vous n'avez rien à craindre.

Votre programme personnel

J'ai lu et compris les points suivants relatifs à la prise de contrôle :

- ☐ Arrêter de fumer me permettra de reprendre le contrôle de ma vie
- ☐ La peur d'arrêter de fumer est provoquée par le tabagisme
- ☐ Les cigarettes ne me manqueront pas
- ☐ Je profiterai davantage de la vie
- ☐ Je parviendrai mieux à gérer mon stress
- ☐ Je ne serai pas forcé d'endurer de terribles souffrances pour m'échapper

DERNIER CONTRÔLE

☐ *Tout est clair et bien compris*

Ne cochez pas cette case tant que vous n'en aurez pas reçu l'instruction, au Chapitre 18.

17

Le sevrage

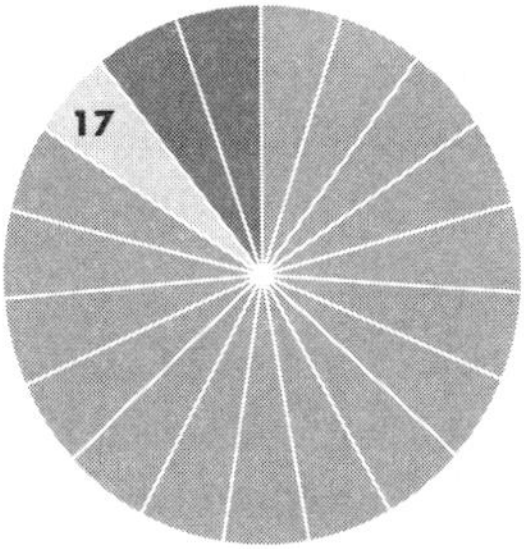

Beaucoup de fumeurs parviennent au stade où il est totalement clair pour eux que les cigarettes ne leur apportent rien et que l'arrêt du tabac sera un accomplissement merveilleux qui leur permettra de reprendre le contrôle de leur vie. Mais ils croient encore qu'ils ont un obstacle à surmonter : la période de sevrage. Chassons cette idée une fois pour toutes.

RÉALITÉ : LES SYMPTÔMES PHYSIQUES DE L'ÉTAT DE MANQUE SONT SI LÉGERS QU'ILS SONT PRESQUE IMPERCEPTIBLES

Si cela est vrai, alors pourquoi les fumeurs ont-ils du mal à arrêter avec une autre méthode ? L'indice se trouve dans le mot « physique ».

> *« Je n'ai pas fumé et je n'ai même pas eu envie d'une cigarette. Je me surprends moi-même ! »*
>
> Joel C., Boston, États-Unis

Lorsque vous vous réveillez après une nuit de sommeil, votre corps a subi de longues heures d'abstinence (huit heures, si vous avez passé une bonne nuit de sommeil, contrairement à la majorité des fumeurs).

Pour le fumeur moyen, c'est la période la plus longue sans cigarette dans une journée de 24 heures.

On s'attendrait donc à ce que les symptômes du sevrage soient très intenses au réveil. Réfléchissez-y la prochaine fois que vous vous réveillerez. Mourez-vous d'envie de fumer une cigarette ? Ressentez-vous des douleurs physiques ? Pendant combien de temps pensez-vous pouvoir tenir avant d'allumer une cigarette ?

La plupart des fumeurs se lèvent avant d'allumer une cigarette ; la plupart ne fument pas avant d'avoir terminé leur petit déjeuner ; certains attendent d'avoir quitté leur domicile. Non seulement ils ne ressentent aucune douleur physique, mais ils ne remarquent aucune gêne.

« J'ai lu ce livre d'Allen Carr, et le plus extraordinaire, c'est que vous pouvez fumer pendant que vous lisez le livre. Il vous dit quand allumer une cigarette. Il vous dit : "Bon, allumez une cigarette maintenant." Vous pensez : "Bien sûr !" Et vous fumez tout au long du livre. Ce type est génial. Vous arrivez à la dernière page, et il vous dit : "Très bien, maintenant, allumez votre dernière cigarette." Et vous pensez : "Je ne suis pas sûr d'en avoir envie." Et le temps de terminer la page, vous vous dites : "Je ne suis pas sûr d'avoir envie d'allumer une cigarette, mais d'accord Allen, si vous pensez que c'est bien." Ensuite, vous l'écrasez et vous en avez fini avec la cigarette. Je n'ai pas fumé depuis. »

Ashton Kutcher, acteur

Pourquoi les fumeurs paniquent

Les fumeurs sont en état de sevrage de nicotine dès qu'ils ne sont pas en train de fumer une cigarette, pourtant ils n'en ressentent les symptômes que lorsqu'ils craignent de ne pas pouvoir alimenter leur addiction. Si ces symptômes étaient des douleurs physiques, comme une rage de dents, ils seraient constamment présents et vous tiendraient éveillé toute la nuit.

Beaucoup de fumeurs citent la première cigarette de la journée comme une de leurs préférées. Ils l'attendent avec impatience, et si vous aviez l'impudence de la leur ôter des lèvres au moment où ils sont sur le point de l'allumer, ils ne trouveraient pas cela drôle. Cependant, ce n'est pas une réaction à une douleur physique, mais une panique mentale déclenchée par la perspective d'être privé d'un plaisir ou d'un soutien.

Le seul moment où les fumeurs sont conscients des symptômes de l'état de manque, c'est lorsqu'ils ne sont pas en mesure d'obtenir leur dose. Avec la première cigarette de la journée, beaucoup parviennent à attendre calmement tandis qu'ils prennent leur douche, leur petit déjeuner, s'habillent, lisent le journal et même prennent leur train parce qu'ils ont la drogue en leur possession et ne doutent pas qu'ils auront leur dose à l'heure habituelle.

Cela dit, ne vous inquiétez pas si vous allumez une cigarette dès votre réveil. Je faisais exactement la même chose. Vous suivrez parfaitement la logique de mes propos.

« Je ne savais pas ce que c'était de ne pas fumer. J'avais commencé à l'âge de 11 ans et j'ai fini par essayer La Méthode simple d'Allen Carr à 40 ans. Je n'ai pas fumé ni eu envie de le faire depuis. C'est devenu une chose que j'avais l'habitude de faire. Ce n'est pas un problème si les autres en ont envie. Je suis enfin libre. Merci. »

Victoria Colquhoun, Londres, Royaume-Uni

Réserves

Combien de paquets de secours transportez-vous ? ....

Vous êtes-vous déjà demandé pourquoi les fumeurs avaient besoin de paquets de cigarettes de réserve ?

Pour une personne accro, la plus grande peur est de ne pas avoir sa dose quand elle en a besoin. Cette seule idée suffit à provoquer une crise de panique. Avant de sortir le soir, vous vérifiez vos réserves de cigarettes, calculez combien vous en fumerez, combien vous risquez d'en offrir et, si vous pensez ne pas en avoir assez, vous vous fixez comme priorité d'en acheter avant d'arriver à votre destination.

LA PLUPART DES FUMEURS
COMMENCENT À PANIQUER LORSQU'IL NE LEUR RESTE
PLUS QUE QUELQUES CIGARETTES,
ILS ESSAIENT DONC TOUJOURS D'AVOIR
UN PAQUET D'AVANCE POUR ÉVITER CE SENTIMENT

Certains fumeurs transportent toujours deux ou trois paquets, simplement pour parer à toute éventualité.

C'est absurde, mais les fumeurs se donnent beaucoup de mal pour éviter la panique qu'ils ressentent à la pensée de ne pas avoir leur dose.

« Je n'aurais jamais pensé pouvoir trouver agréable d'arrêter de fumer. Bien sûr, j'apprécie d'être non fumeur, mais j'ai toujours pensé devoir d'abord traverser une période d'horribles souffrances. Je me suis réveillé ce matin avec le sourire aux lèvres en pensant à une cigarette dont je n'avais pas envie. »

Zane G., Wyoming, États-Unis

LE FUMEUR QUI NE PANIQUE PAS

Lorsqu'on mentionne ce « sentiment de panique » à l'idée de manquer, la plupart des gens hochent la tête d'un air entendu. Mais il arrive qu'un fumeur semble perplexe. C'est étonnant. Si le sentiment de panique est déclenché par la peur de ne pas avoir leur dose, on s'attendrait à ce que les gros fumeurs l'éprouvent d'autant plus. Pourtant, certains fumeurs affirment le contraire.

Ils semblent si incrédules lorsque tous les autres fumeurs s'accordent à dire qu'ils se rabattraient sur de la bouse de chameau séchée s'ils n'avaient rien d'autre. « Jamais de la vie ! Si ma marque préférée n'était plus disponible, je m'abstiendrais de fumer », protestent-ils.

Nous avons montré qu'aucun fumeur ne contrôle la situation, que c'est le tabagisme qui le contrôle, et non le contraire. Alors, comment un gros fumeur peut-il prétendre être si difficile sur ce qu'il fume et si calme à la perspective d'être à court ?

La réponse est : cela n'existe pas. Ces fumeurs semblent seulement avoir le contrôle parce qu'ils ne se trouvent jamais dans la situation où la panique s'installe. Ils ne se sont jamais soumis à l'épreuve. Comment cela est-il possible ?

**PARCE QU'ILS FONT TOUT
POUR QUE CELA NE SE PRODUISE JAMAIS !**

Le fumeur qui ne panique pas investit énormément de temps et d'argent à s'assurer qu'il ne soit JAMAIS à court de cigarettes.

Tous les fumeurs sans exception éprouvent ce sentiment de panique lorsqu'ils sont privés de cigarettes.

Mais la cause de la souffrance est uniquement mentale. Les symptômes du manque de nicotine n'entraînent aucune douleur physique – ils sont à peine perceptibles.

Exercice

Un exercice dans la douleur

Essayez de planter vos ongles dans votre cuisse, en augmentant progressivement la pression. Comparez vos sensations avec ce que vous éprouvez au réveil après une nuit sans tabac. Vous constaterez que la douleur que vous pouvez vous infliger est bien plus intense que n'importe quelle sensation physique provoquée par le manque de nicotine.

Vous remarquerez également que vous pouvez aller plus loin avec cet exercice, vous infligeant un niveau de douleur élevé, sans qu'elle s'accompagne de la moindre peur ou panique. C'est parce que vous contrôlez la situation. Vous connaissez la cause de la douleur et vous savez qu'elle cessera dès que vous l'aurez décidé.

À présent, recommencez cet exercice, mais cette fois essayez d'imaginer que vous n'êtes pas la personne infligeant la douleur, mais qu'elle vient d'apparaître, qu'elle est d'origine inconnue et que vous ne savez pas combien de temps elle durera. Maintenant, imaginez que cette douleur se situe au niveau de votre tête ou de votre poitrine. Vous seriez instantanément dans un état de panique.

Le problème n'est pas la douleur, mais la peur et la panique que la douleur peut provoquer si vous n'en comprenez pas la cause et que vous ne savez pas quelles seront les conséquences. La moindre sensation physique que vous ne comprenez pas peut déclencher un signal d'alarme.

L'état de manque et la volonté

Le mythe selon lequel l'arrêt du tabac s'accompagne d'horribles souffrances est créé par les fumeurs qui essaient d'arrêter avec la méthode fondée sur la volonté. Si vous avez essayé d'arrêter avec cette méthode par le passé, vous savez à quel point c'est difficile.

Lorsque vous essayez d'arrêter à l'aide de la méthode fondée sur la volonté, vous traversez d'horribles souffrances, mais elles ne sont pas d'ordre physique – il s'agit de la montée en puissance de la panique mentale provoquée par une légère sensation physique à laquelle vous ne pouvez rien. Cela crée des sensations physiques, mais leur cause réelle est un processus mental.

Avec La Méthode simple, vous vous attaquez à l'aspect mental. Tout ce que vous avez à faire, c'est de déjouer le lavage de cerveau et de comprendre que le tabagisme ne vous apporte absolument rien. Vous verrez alors qu'il n'y a aucune raison de paniquer. En quelques jours à peine, le Petit Monstre aura rendu l'âme et la légère sensation physique cessera. Il n'y a aucune souffrance.

Arrêter de fumer n'est difficile que si la peur de ne pas pouvoir fumer crée un sentiment de panique. Éliminez la cause de la panique et arrêter devient facile.

Il y a 1,1 milliard de consommateurs de tabac dans le monde, un chiffre qui devrait passer à 1,6 milliard dans les deux prochaines décennies.

ASH, Comité de lutte contre le tabagisme de Grande-Bretagne

« Non seulement ce livre aide à cesser de fumer et à ne pas reprendre, mais il vous incite à agir de façon positive dans d'autres aspects de votre vie. Je crois vraiment que les gens qui arrêtent de fumer grâce à la Méthode d'Allen Carr deviennent des gens formidables ! »

Evan Beverly, Chicago, États-Unis

On raconte aux fumeurs que s'ils parviennent à passer le cap de la période initiale de sevrage, l'envie et la panique diminueront. Mais le Petit Monstre n'est pas le seul à déclencher les foudres du Grand Monstre.

Longtemps après que la nicotine a été éliminée de votre organisme et que le Petit Monstre est mort, d'autres facteurs déclenchants peuvent mettre le tabac au centre de vos pensées. Les sorties, le moment des repas, une promenade en forêt, la pression dans le domaine professionnel – n'importe quelle situation dans laquelle vous auriez fumé auparavant peut rappeler le tabac à votre esprit.

Pour ceux qui arrêtent avec La Méthode simple, ce n'est pas un problème. En fait, c'est une source de plaisir.

Au lieu de penser : « J'avais l'habitude de fumer dans de telles occasions », vous pensez : « C'est formidable ! Je ne ressens plus l'envie de fumer. »

Cependant, pour ceux qui arrêtent avec la méthode fondée sur la volonté, n'importe laquelle de ces situations peut déclencher un sentiment de privation.

C'est parce que le Grand Monstre est toujours vivant dans leur esprit et qu'il interprète ces signaux comme « Je veux une cigarette ».

Soit vous refusez, soit vous cédez et allumez une cigarette. Mais dans les deux cas, vous vous sentez très mal.

Pour tuer le Grand Monstre, il faut qu'un fait soit très clair dans votre esprit :

LE SENTIMENT DE VIDE ET D'INSÉCURITÉ N'EST PAS DISSIPÉ PAR LA CIGARETTE, ELLE EN EST LA CAUSE

Le sevrage en toute confiance

Nous avons établi que les symptômes de manque sont si légers qu'ils sont presque imperceptibles. Les fumeurs en souffrent tout au long de leur vie de fumeurs sans même s'en rendre compte.

En fumant votre première cigarette, vous avez créé un Petit Monstre dans votre organisme, une sorte de ver solitaire qui se nourrit de nicotine. Essayez de visualiser ce Petit Monstre, il est ignoble, n'est-ce pas ?

En fait, sur la page suivante, pourquoi ne pas dessiner le Petit Monstre tapi dans votre organisme, tel que vous l'imaginez ?

À présent, imaginez-vous en train de tuer le Petit Monstre. Comment allez-vous vous y prendre ? Il n'y a qu'un seul moyen : en arrêtant de l'approvisionner en nicotine. Dès que vous le ferez, il commencera à agoniser.

Il se ratatinera et sera rapidement réduit à néant.

Imaginez-le dans les affres du trépas et réjouissez-vous de le voir mourir de faim. Ce n'est pas un gentil monstre. C'est un horrible parasite qui n'a qu'un seul but – vous tuer !

Même si vous trouvez cela désagréable, inutile de paniquer. Pensez à l'exercice de la douleur. Quel degré de douleur pouvez-vous supporter sans céder à la panique ? Rappelez-vous que ce n'est pas une souffrance physique et que vous contrôlez la situation. Vous savez qu'elle disparaîtra sous quelques jours et que vous n'avez rien à craindre.

Bien au contraire, vous avez toutes les raisons de vous réjouir. Vous êtes en train de détruire un ennemi mortel.

LE
PETIT MONSTRE

Il est essentiel que vous compreniez trois points :

FUMER NE VOUS APPORTE ABSOLUMENT RIEN

LE SENTIMENT DE VIDE ET D'INSÉCURITÉ N'EST PAS DISSIPÉ PAR LA CIGARETTE, ELLE EN EST LA CAUSE

SI VOUS AVEZ PU CROIRE LE CONTRAIRE, C'EST UNIQUEMENT À CAUSE DU LAVAGE DE CERVEAU ET DE L'ADDICTION

« J'ai arrêté de fumer il y a environ deux ans avec La Méthode simple d'Allen Carr et je me suis senti si heureux et libre. Je n'ai jamais plus éprouvé l'envie de fumer. Je n'ai jamais ressenti aucune sensation de manque ou de privation. Sortir avec des amis qui fument ne m'a jamais posé de problème. C'est toujours ce qui avait provoqué ma rechute lorsque j'avais essayé d'arrêter les fois précédentes. »

Martin Byrne, Irlande du Nord

Je suis guéri !

Il faut environ trois à cinq jours pour que tous les symptômes physiques du sevrage disparaissent, après lesquels le Petit Monstre est mort. Pendant cette période, les fumeurs qui arrêtent avec la méthode fondée sur la volonté ont tendance à remarquer qu'ils sont totalement obsédés par le fait de ne pas pouvoir fumer. Ils concentrent toute leur volonté sur cette période pendant laquelle ils résistent à la tentation.

Peu à peu, cette obsession diminue, jusqu'à ce qu'ils prennent conscience, au bout de trois semaines environ, qu'ils n'ont pas pensé à fumer depuis un certain temps. C'est un moment très exaltant. La croyance qu'ils seront toujours malheureux sans cigarette est remplacée par la croyance que le temps résout le problème.

C'est aussi un moment dangereux. Ils ont le sentiment qu'ils ont repris le contrôle. Quel mal y aurait-il à fêter cela avec une petite cigarette ? Ils savent qu'ils sont capables d'arrêter.

Mince ! Le piège les a eus encore une fois. En fait, il ne les a jamais laissés s'échapper. Il jouait simplement avec eux. Tant que vous croirez que fumer vous apporte un plaisir ou un soutien, vous resterez dans le piège.

Ils fument donc juste une cigarette. Où est le problème ? Pourquoi ne pourraient-ils pas arrêter de nouveau ?

« Mon envie de fumer s'est estompée. À la fin, j'ai même eu du mal à allumer ma dernière cigarette. Fumer ne m'intéresse tout simplement plus. »

Rick J., Atlanta, États-Unis

Juste une cigarette – Où est le mal ?

Cette cigarette peut avoir un goût désagréable. Elle ne donnera pas aux fumeurs l'illusion de plaisir ou de soutien parce qu'ils ne ressentent plus les symptômes du manque provoqués par la cigarette précédente.

N'oubliez pas que la seule raison pour laquelle un fumeur croit que la cigarette lui apporte un plaisir ou un soutien est qu'elle soulage partiellement les symptômes de manque occasionnés par la précédente cigarette. Pour le fumeur totalement sevré, il n'y a aucun symptôme à soulager, il n'y a donc aucune illusion de plaisir, à moins qu'il ne soit encore soumis au lavage de cerveau. S'il se morfondait de ne pas fumer, c'est la seule chose qui pourrait expliquer qu'il puisse éprouver une sensation de soulagement.

Quoi qu'il en soit, une fois que les fumeurs ont réintroduit la nicotine dans leur organisme, le cercle vicieux recommence. Lorsque la nicotine commencera à s'éliminer de leur organisme, le doute s'insinuera. Une petite voix leur dira : « Cela avait un goût atroce. » Et une autre soufflera : « Peut-être que j'ai envie d'une autre cigarette. »

Mais ils trouveront aussitôt la volonté de résister à l'envie de fumer à nouveau. Après tout, ils veulent se prouver qu'ils contrôlent la situation. Ils laissent donc passer une période qu'ils considèrent comme sûre. À présent, ils peuvent se dire : « J'en ai déjà fumé une et je ne suis pas devenu accro, quel mal y a-t-il à en fumer une autre ? »

Cela vous rappelle quelque chose ? Ils ne tardent pas à fumer autant, sinon plus, qu'avant l'arrêt du tabac.

Les fumeurs qui essaient d'arrêter sans avoir détruit le Grand Monstre sont toujours susceptibles de retomber dans le piège. Et chaque fois que vous retombez dans le piège, vous renforcez le mythe selon lequel il est difficile d'arrêter.

Êtes-vous prêt ?

Vous allez bientôt fumer votre dernière cigarette. Si cette pensée vous emplit de panique, n'oubliez pas que les compagnies de tabac exploitent cette peur pour vous maintenir dans l'addiction. N'oubliez pas non plus que la nicotine n'apaise pas cette peur, mais qu'elle la crée. Prenez le temps de vous calmer. Avez-vous la moindre raison de paniquer ?

ARRÊTEZ DE FUMER
NE PEUT VOUS FAIRE AUCUN MAL

Maintenant, pensez à toutes les choses merveilleuses dont vous allez pouvoir profiter en tant que non-fumeur.

Plus d'argent
Plus d'énergie
Plus de confiance en vous
Plus de respect de vous-même

Pourquoi attendre ? Vous pouvez commencer à profiter de tout cela dès maintenant.

* ***Vous avez fait le plus dur pour comprendre les fumeurs et vous savez maintenant comment vous libérer.***

Vous êtes parfaitement préparé à réussir une chose que vous n'auriez jamais crue possible, une chose qui aura un impact positif sur la durée et la qualité de votre vie, dont vous pourrez profiter pleinement.

> Les jeunes adolescents exposés à des films dans lesquels le tabagisme est omniprésent ont 2,6 fois plus de risques de commencer à fumer comparés à ceux qui regardent des films dans lesquels le tabac est moins présent.
>
> (Source : www.lung.org)

Votre programme personnel

J'ai lu et compris les points suivants relatifs au sevrage :

- ☐ Il n'y a aucune souffrance physique
- ☐ La panique des symptômes de l'état de manque est la peur de ne pas avoir sa dose de drogue
- ☐ Si je tue le Petit Monstre, l'addiction est morte
- ☐ Si je tue le Grand Monstre, la peur disparaît
- ☐ Rien de mal ne peut m'arriver parce que j'arrête de fumer

DERNIER CONTRÔLE

- ☐ *Tout est clair et bien compris*

Ne cochez pas cette case tant que vous n'en aurez pas reçu l'instruction, au Chapitre 18.

18

Votre dernière cigarette

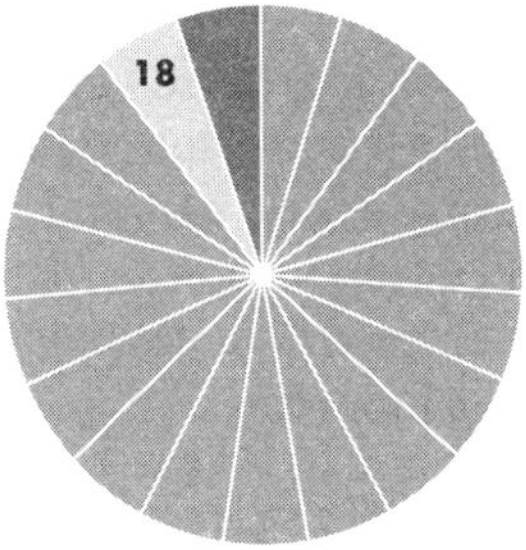

Le rituel de la dernière cigarette est le moment suprême de votre évasion du piège de la nicotine. Vous devriez vous sentir au comble de la joie à l'idée des merveilleux avantages qui vous attendent et brûler d'impatience de profiter de votre vie de non-fumeur.

Pour tout fumeur qui arrête, il y a eu une dernière cigarette. La façon dont vous l'abordez dépend de votre état d'esprit. Cela peut être une perspective terrifiante, comme celle de se jeter du haut d'un immeuble en feu, ou cela peut-être excitant, comme un saut en parachute.

Pour beaucoup de gens qui arrêtent avec La Méthode simple, la dernière cigarette n'a rien de terrifiant ni d'excitant. C'est parce qu'ils ont déjà fait l'expérience de l'excitation – ils savent qu'ils n'ont plus la moindre envie ni le désir de fumer – et ils ne voient pas l'utilité de fumer la dernière cigarette. Si vous en faites partie, c'est très encourageant. Mais à moins que vous n'ayez pas fumé depuis au moins une journée, il est important de vous livrer au rituel de la dernière cigarette.

Exercice

Servez-vous de votre programme personnel

Certains fumeurs parviennent à ce stade en croyant qu'ils ont tout compris, mais le trac de la grande occasion les fait douter d'eux-mêmes. C'est assez normal. Vous êtes sur le point d'accomplir quelque chose de merveilleux, c'est un moment crucial de votre vie. Il est normal que vous soyez nerveux.

Mais il est important que votre nervosité ne vous fasse pas douter ou oublier tout ce que vous avez appris. Par conséquent, que vous soyez nerveux ou pas, prenez le temps de relire la fin des chapitres de votre programme personnel et rappelez-vous tout ce que vous savez et comprenez du piège de la nicotine.

Pour chaque point, demandez-vous à nouveau :
Ai-je bien compris cela ?
Suis-je d'accord ?
Est-ce que j'y crois ?
Vais-je l'appliquer ?

Si vous avez le moindre doute, relisez le chapitre et assurez-vous de pouvoir répondre à ces quatre questions de façon affirmative. Le moment de votre « Dernier contrôle » est venu : cochez toutes les cases « Tout est clair et bien compris » à la fin. Une fois que vous avez coché cette case à la fin de chaque chapitre, vous êtes prêt pour votre dernière cigarette. Il ne vous reste plus qu'à choisir le bon moment pour vous.

« Si vous ou quelqu'un de votre entourage avez envie d'arrêter, achetez ce livre. Cela a fonctionné pour moi et environ vingt autres personnes que je connais. Et je suis tout à fait sérieux. »

Jason Mraz, chanteur-compositeur

Le moment parfait pour arrêter

Avez-vous déjà regardé un enfant sur un haut plongeoir pour la première fois ? Il s'approche du bord, regarde en bas, commence à prendre la bonne position, regarde en bas à nouveau, puis recule nerveusement. Sa mère lui dit de redescendre, mais il ne veut pas. Il veut plonger. Il sait qu'il peut le faire et qu'il se sentira extraordinairement bien après l'avoir fait, mais il est nerveux.

Il s'avance à nouveau avec assurance au bord du plongeoir et cette fois il semble vraiment prêt à plonger. Mais non, il recule à nouveau.

Cela peut durer plusieurs minutes et se termine en général par un plongeon assez maladroit.

Les fumeurs font un peu le même cinéma. Ils veulent plonger, mais, dès qu'ils sont sur le point de le faire, ce n'est jamais le bon moment.

Pour se donner ce petit coup de pouce, ils font coïncider la date de leur tentative d'arrêt avec un jour bien précis.

Si vous attendez le bon moment pour arrêter, rappelez-vous la véritable raison pour laquelle vous voulez le faire.

LE CONTRÔLE

Lorsque vous attendez une occasion spéciale pour essayer d'arrêter, vous renoncez à prendre le contrôle.

Les mauvaises occasions

Deux types de circonstances peuvent encourager les gens à arrêter de fumer : l'une est un événement traumatisant où la santé est menacée ; l'autre est un jour spécial, comme le jour de l'An. Nous les appelons « les mauvaises occasions » parce qu'elles n'ont aucun lien avec votre tabagisme en dehors de vous accorder un délai pour arrêter. Il n'y aurait rien de mal à cela si c'était utile, mais ces mauvaises occasions font plus de mal que de bien.

Le jour de l'An est de loin la mauvaise occasion la plus populaire. Tant de fumeurs prennent la résolution d'arrêter ce jour-là. Peu y parviennent.

À minuit, ils ont tellement fumé pendant les fêtes de fin d'année qu'ils sont révulsés par le goût de tabac froid qu'ils ont dans la bouche et ont les poumons congestionnés… ils sont donc déterminés à arrêter. Mais au bout de quelques jours, leur organisme a éliminé toutes les toxines et ils ont les idées plus claires. Le Petit Monstre réclame toujours sa dose à cor et à cri et comme notre aversion au tabac s'est considérablement affaiblie, nous nous disons : « Cela ne peut pas me faire de mal » et nous allumons une cigarette. Puis une autre, et ainsi de suite…

Les mauvaises occasions nous encouragent à arrêter sans le vouloir vraiment, à endurer le manque, puis l'échec qui enracine dans notre cerveau l'idée qu'il est difficile d'arrêter. Notre volonté s'épuise et il faut que notre désir d'arrêter l'emporte sur la peur pour que nous nous lancions dans une nouvelle tentative de sevrage.

TOUS LES FUMEURS VOUDRAIENT ARRÊTER

Mais nous passons notre vie de fumeur à chercher des prétextes pour repousser le jour fatidique. Les mauvaises occasions nous fournissent simplement une excuse.

Le moment critique

Puis, il y a les événements pour lesquels nous nous étions toujours promis d'arrêter sur-le-champ, comme les moments où la santé est en péril.

« Oh, bien sûr, je fume, mais si un médecin me disait : "Soit vous arrêtez, soit vous mourrez", je sais exactement ce que je ferais. »

Pourtant, assez de fumeurs ont continué de fumer après avoir appris que cela les tuait pour prouver le contraire.

Au moment critique, ils découvrent qu'ils n'ont pas le contrôle qu'ils pensaient avoir sur leur tabagisme.

Ils se rendent compte que l'événement traumatisant renforce leur besoin de ce qu'ils considèrent comme leur petite béquille au lieu de leur donner l'aversion escomptée. En dépit des horreurs auxquelles ils sont confrontés, ils se leurrent encore, imaginant qu'il est préférable pour eux de fumer.

Si vous attendez un moment critique pour arrêter de fumer, prenez un peu de recul. Rappelez-vous que la santé n'est qu'une des raisons d'arrêter et que la chose principale que vous y gagnez est de vous libérer de l'esclavage de l'addiction à la nicotine. Vous ne « renoncez » à rien pour votre santé, vous prenez l'excellente décision de choisir la liberté.

Quel que soit l'état de votre santé maintenant, vous ne vous en porterez que mieux en étant non fumeur.

Loin de tout

Un autre moment populaire pour essayer d'arrêter est la période des congés annuels. La théorie étant que, loin du stress du travail, vous serez plus fort pour lutter contre le traumatisme du sevrage.

Remarquez-vous la faille de ce raisonnement ?

Vous l'avez trouvée : le traumatisme du sevrage n'existe pas. Vous n'êtes stressé par le sevrage que si vous éprouvez encore le besoin ou le désir de fumer.

D'autres fumeurs choisissent une période où très peu de sorties sont prévues car ils pensent qu'ainsi ils auront moins de risques d'être tentés. Mais si vous éliminez la tentation, alors il est inutile de s'inquiéter lors des sorties.

Le véritable problème que posent ces approches est qu'elles entretiennent un doute. Si vous avez délibérément choisi un moment calme pour arrêter, que se passera-t-il lorsque votre vie sera plus mouvementée ? Vous n'avez aucune certitude.

Avec La Méthode simple, vous avez une certitude absolue avant de fumer votre dernière cigarette. Vous êtes encouragé à sortir et à vous confronter au stress, à apprécier de bons repas, quelques verres et des sorties dès le départ. Ainsi, vous vous prouverez d'emblée que pendant ce qui pour vous serait la pire période, vous êtes toujours heureux d'être libre.

SEPTIÈME INSTRUCTION : N'ATTENDEZ PAS LE BON MOMENT – ARRÊTEZ MAINTENANT !

C'est ce que vous diriez à un héroïnomane. C'est ce que vous diraient vos proches. Il n'y a rien à gagner à attendre. Le fait que vous soyez parvenu à ce stade du livre indique que vous comprenez la nature du piège et que vous êtes prêt à devenir un non-fumeur heureux.

Votre dernière cigarette

Pour certains fumeurs, l'excitation de devenir un non-fumeur est presque effrayante. Tandis que vous vous apprêtez à prendre votre dernière cigarette et la sortez du paquet, votre cœur bat plus vite et vos mains tremblent.

L'idée d'arrêter est presque trop belle pour être vraie.

Il n'y a pas si longtemps, vous croyiez qu'il était impossible d'arrêter sans une volonté de fer et sans endurer de terribles souffrances.

Le fait que votre état d'esprit ait été transformé si rapidement peut vous amener à vous demander si c'est réellement possible.

Non seulement c'est possible, mais c'est parfaitement naturel. Et plus important, vous l'avez fait !

La seule raison pour laquelle vous avez pensé le contraire est que vous étiez abreuvé de fausses informations. Rappelez-vous les faits.

* *Vous n'aviez aucune envie de fumer avant de commencer et vous n'avez aucune envie de fumer maintenant.*

* *Fumer ne soulage pas la sensation de vide et d'insécurité que vous éprouvez lorsque vous voulez une cigarette, c'est ce qui la provoque.*

* *Fumer n'aide pas à se concentrer, cela crée une distraction supplémentaire, qui est partiellement soulagée par le tabac.*

* *Fumer ne soulage pas du stress, cela y contribue. Le stress créé par les symptômes de l'état de manque de nicotine et le fait de vouloir une cigarette est quelque chose dont les non-fumeurs ne souffrent pas.*

* *Une seule cigarette est un concept illusoire. Voyez la réalité – voyez 100 000 cigarettes !*

* *Être fumeur n'a rien à voir avec votre personnalité ou une prédisposition génétique. Tout le monde peut devenir accro à la nicotine. Et tout le monde peut s'en libérer.*

** Les substituts ne facilitent pas l'arrêt du tabac, ils le rendent plus difficile. Vous ne vous libérez pas d'une drogue en en consommant davantage.*

** L'addiction est à 99 % d'origine mentale. Les symptômes physiques de l'état de manque sont si légers qu'ils sont presque imperceptibles.*

** Il n'y a aucune période de sevrage pénible. Vous pouvez commencer à profiter de votre vie de non-fumeur à la seconde où vous écrasez votre dernière cigarette, sans éprouver aucune envie ou désir de fumer.*

** Il est inutile d'éviter de penser au tabac. Dès que vous y pensez, réjouissez-vous. Vous n'avez plus besoin de vivre sans cette saleté et sans cette humiliation.*

** N'attendez pas avant d'arrêter. Dès que vous êtes parvenu au bon état d'esprit, sans aucune envie ou désir de fumer, ne perdez pas de temps pour laisser votre vie d'esclavage derrière vous.*

Exercice

Finissez le travail

Prenez une cigarette. Regardez-la. Sentez son odeur.

Avant de porter votre dernière cigarette à vos lèvres, il est important que vous soyez totalement certain de votre décision d'arrêter. Vous devriez être dans un état d'esprit joyeux. Vous êtes sur le point d'accomplir une des choses les plus importantes de votre vie.

Positivez. Au lieu de penser : « Je ne dois plus jamais fumer », commencez à penser : « C'est formidable ! Je ne serai plus obligé de me coller ces trucs répugnants dans la bouche. »

Vous êtes sur le point d'accomplir une chose que vous pensiez incroyablement difficile, peut-être même hors de votre portée. Vous avez le Petit Monstre et le Grand Monstre à votre merci. Rappelez-vous le calvaire que vous avez enduré et toutes les raisons pour lesquelles vous détestiez être fumeur. Ces monstres sont vos ennemis mortels. Soyez sans merci et détruisez-les une fois pour toutes.

À ce stade, chez certains fumeurs le Grand Monstre est déjà mort et enterré. Ils sont si convaincus de ne plus jamais vouloir fumer qu'ils demandent à ne pas accomplir le rituel de la dernière cigarette. C'est génial que vous ressentiez cela, mais à moins de ne pas avoir fumé depuis un jour ou plus, le rituel est important pour plusieurs raisons.

Vous êtes en train de vous guérir d'une terrible maladie et d'accomplir une chose merveilleuse, que tous les fumeurs voudraient accomplir et pour laquelle les fumeurs comme les non-fumeurs vous respecteront.

LA PERSONNE QUI SERA LA PLUS FIÈRE DE VOUS, C'EST VOUS-MÊME

Cette méthode permet d'arrêter facilement, mais ne sous-estimez pas l'importance de votre accomplissement. Cela ne nécessite peut-être aucune volonté, mais il faut du courage – le courage d'ouvrir votre esprit, de vous engager dans le processus et de vous lancer.

Vous devenez un non-fumeur à l'instant où vous écrasez votre dernière cigarette, il est donc important de reconnaître cet instant et d'en faire un triomphe. Dites-vous :

HOURRA ! JE SUIS UN NON-FUMEUR. JE SUIS LIBRE !

Exercice

Maintenant, allumez votre dernière cigarette et prenez une bouffée. Observez le filtre : il est déjà coloré. Tandis que vous fumez la cigarette, concentrez-vous sur l'odeur infecte, le goût répugnant, le poison que vous instillez dans votre corps.

Lorsque vous approchez de la fin de votre cigarette, chassez de votre esprit toute morosité et réjouissez-vous de devenir un non-fumeur. Vous êtes sur le point de franchir la ligne d'arrivée, faites le vœu de ne plus jamais laisser la nicotine entrer dans votre corps. Inspirez profondément la fumée, ôtez la cigarette de vos lèvres et écrasez-la avec un sentiment de triomphe. Ne vous inquiétez pas si vous ne l'avez pas fumée jusqu'au bout. Ça n'a pas d'importance.

FÉLICITATIONS ! VOUS ÊTES LIBRE !

VOUS ÊTES UN NON-FUMEUR HEUREUX

19

La vie en tant que non-fumeur

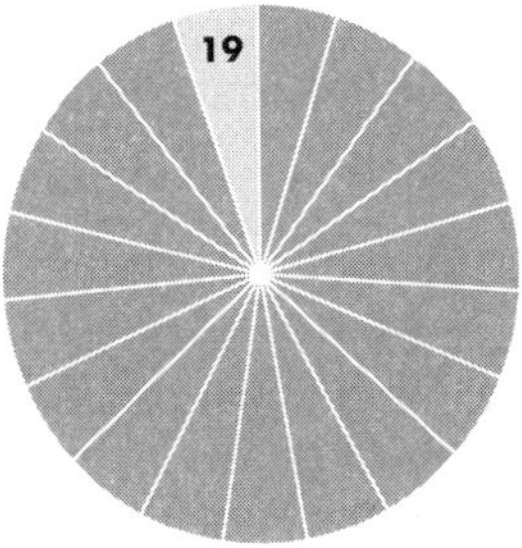

Dès que vous avez écrasé votre dernière cigarette, vous pouvez commencer à profiter de la vie en tant que non-fumeur. Vous devez vous sentir extraordinairement bien. Pour vous assurer que vous restiez un non-fumeur heureux pour le reste de votre vie, tout ce que vous avez à faire est de suivre les instructions suivantes.

N'attendez pas que quelque chose se passe. Vous êtes libre. Vous êtes déjà un non-fumeur.

Vous êtes un non-fumeur à l'instant même où vous écrasez votre dernière cigarette. Vous avez coupé l'approvisionnement en nicotine et ouvert la porte de votre prison. Vous êtes libre.

Acceptez que dans la vie, il y aura des hauts et des bas. Comme vous serez plus fort à la fois sur le plan physique et psychologique, vous profiterez davantage des bons moments et vous surmonterez plus facilement les épreuves.

Soyez conscient qu'un changement crucial est intervenu dans votre vie. Votre esprit et votre corps peuvent mettre un certain temps à s'adapter. Ne vous inquiétez pas si vous vous sentez bizarre ou désorienté pendant quelques jours. Acceptez-le simplement. C'est un merveilleux sentiment de « renouveau ».

Rappelez-vous que vous avez arrêté de fumer. Vous n'avez pas arrêté de vivre. Vous pouvez maintenant commencer à profiter pleinement de la vie. Ne changez rien à votre mode de vie, à moins que vous ne souhaitiez y apporter un changement.

N'évitez pas les fumeurs ni les situations propices au tabagisme. Sortez, faites la fête et affrontez le stress dès que possible. Si vous l'habitude de faire une pause cigarette au travail, continuez. Il n'y a aucune raison de manquer une pause si vous en avez envie.

N'enviez pas les fumeurs. Ce sont eux qui vous envient.

Lorsque vous êtes en compagnie de fumeurs, n'oubliez pas que vous ne vous privez de rien, contrairement à eux. Ils vous envient parce qu'ils voudraient être comme vous : libre.

Oubliez les substituts.
Vous n'en avez pas besoin et ils ne sont pas efficaces.

Ne doutez jamais de votre décision d'arrêter. Vous savez que vous avez pris la bonne décision. Si vous vous morfondez en pensant aux cigarettes, vous vous mettrez dans une position impossible à tenir : malheureux si vous n'en fumez pas et encore plus malheureux si vous en fumez une.

Rappelez-vous que le concept d'« une seule cigarette » n'existe pas. Si cette pensée vous traverse l'esprit, pensez : « Hourra ! Je ne suis plus forcé de fumer. »

Jetez vos cigarettes et briquets. N'ayez jamais de cigarettes en votre possession. Ce serait ouvrir la porte au doute et préparer une rechute presque garantie. Conseilleriez-vous à un alcoolique de garder une flasque de whisky dans sa poche ?

Cela n'a aucune importance si votre conjoint ou votre colocataire fume, avoir leurs cigarettes à proximité ne posera pas de problème. Ce ne sera un problème que si vous gardez vos cigarettes.

Ne prenez plus jamais de nicotine, sous quelque forme que ce soit. Tous les produits à base de nicotine entraînent le même résultat : l'addiction.

Dès que vous laissez entrer la nicotine dans votre vie, ce n'est qu'une question de temps avant que vous ne fumiez à nouveau.

LES INSTRUCTIONS

1. SUIVEZ TOUTES LES INSTRUCTIONS (page 27)
2. GARDEZ L'ESPRIT OUVERT (page 47)
3. COMMENCEZ PAR UN SENTIMENT D'ENTHOUSIASME ET DE JOIE (page 56)
4. NE DOUTEZ JAMAIS DE VOTRE DÉCISION D'ARRÊTER (page 83)
5. IGNOREZ TOUS LES CONSEILS EN CONTRADICTION AVEC LA MÉTHODE SIMPLE (page 156)
6. N'ESSAYEZ PAS DE NE PAS PENSER AU TABAC (page 214)
7. N'ATTENDEZ PAS LE BON MOMENT – ARRÊTEZ MAINTENANT ! (page 252)

Si vous avez directement lu cette page avant d'avoir lu le reste du livre dans l'espoir de trouver une solution expresse à votre problème de tabagisme, s'il vous plaît revenez au début et lisez le livre du début à la fin.

Tous ceux qui s'y sont astreints arrivent à cette page avec le bonheur de savoir qu'ils ont arrêté de fumer pour de bon.

Si vous avez la moindre question ou inquiétude, nous pouvons vous aider. Appelez simplement le centre Allen Carr le plus proche de chez vous. Nous serons heureux de répondre à vos questions.

**FÉLICITATIONS, VOUS ÊTES LIBRE.
S'IL VOUS PLAÎT, PARLEZ AU MONDE ENTIER
DE LA MÉTHODE SIMPLE D'ALLEN CARR.**

HOURRA !
JE SUIS LIBRE !

Les centres Allen Carr Easyway

La liste suivante indique les pays dans lesquels les centres Allen Carr sont opérationnels au moment de l'impression de ce livre.

Reportez-vous à l'adresse internet www.allencarr.com pour obtenir la dernière édition de cette liste.

Le taux de réussite dans nos centres dépasse les 90 %, et nous vous remboursons si vous n'êtes pas satisfait au bout de trois mois.

Certains centres proposent des séances pour en finir avec l'alcool, les drogues et les problèmes de poids.

Pour plus d'informations, adressez-vous au centre le plus proche de chez vous.

La Méthode simple vous garantit que vous arrêterez de fumer facilement dans nos centres, et, dans le cas contraire, vous serez remboursé.

REJOIGNEZ-NOUS !

Les centres Allen Carr se sont développés à travers le monde à une vitesse incroyable et leur succès est grandissant. Notre réseau couvre maintenant plus de 150 villes à travers plus de 45 pays. Cet incroyable développement s'est fait de façon tout à fait naturelle. Les anciens fumeurs, tout comme vous, étaient si impressionnés par la facilité avec laquelle ils ont arrêté que cela les a encouragés à nous contacter pour voir comment ils pouvaient faire profiter les gens de leur région de La Méthode simple.

Si vous avez vous aussi envie de nous rejoindre, contactez-nous pour plus d'informations pour devenir un franchisé de La Méthode simple pour arrêter de fumer ou La Méthode simple pour en finir avec l'alcool d'Allen Carr.

Contactez-nous par e-mail : **join-us@allencarr.com**, en précisant vos nom, adresse et région de prédilection.

SOUTENEZ-NOUS !

Ne nous envoyez pas d'argent !

Vous venez d'accomplir une chose merveilleuse. Chaque fois que nous apprenons que quelqu'un a réussi à s'échapper d'un navire en train de couler, nous ressentons une énorme satisfaction.

Nous aurons beaucoup de plaisir à entendre que vous vous êtes libéré de l'esclavage de la dépendance, alors n'hésitez pas à vous rendre sur la page Internet suivante pour nous raconter votre réussite et inspirer d'autres personnes à suivre vos pas et apprendre comment vous pouvez transmettre le message.

www.allencarr.com/success-stories/

ou

shop.allencarr.com/submit.testimonial/

Vous pouvez aussi « liker » notre page Facebook : www.facebook.com/AllenCarr

Ensemble, nous pouvons aider Allen Carr dans sa mission : guérir le monde de la dépendance.

FRANCE
Des séances sont organisées partout en France
Numéro vert gratuit : 0800 FUMEUR
Tel : 04 91 33 54 55
Thérapeutes : Erick Serre et son équipe
E-mail : info@allencarr.fr
Site Web : www.allencarr.com

CENTRE INTERNATIONAL ALLEN CARR
Park House, 14 Pepys Road, Raynes Park, London SW20 8NH
Tel : +44 (0) 2 089 447 761
Fax : +44 (0) 2 089 448 619
E-mail : mail@allencarr.com
Site Web : www.allencarr.com
Thérapeutes : John Dicey, Colleen Dwyer, Crispin Hay, Emma Hudson, Rob Fielding, Sam Carroll, Sam Bonner

Bureau de presse international
Contact : John Dicey
Tel : +44 (0) 7970 88 44 52
E-mail : media@allencarr.com

Informations et réservations au Royaume-Uni
Tel : 0800 389 2115

ROYAUME-UNI
Belfast
Tel : 0845 094 3244
Thérapeute : Tara Evers-Cheung
E-mail : tara@easywayni.com
Site Web : www.allencarr.com

Birmingham
Tel & Fax : +44 (0) 121 423 1227
Thérapeutes : John Dicey, Colleen Dwyer, Crispin Hay, Rob Fielding, Sam Carroll
E-mail : info@allencarr.com
Site Web : www.allencarr.com

Bournemouth
Tel : 0800 028 7257
Thérapeutes : John Dicey, Colleen Dwyer, Emma Hudson, Sam Carroll
E-mail : info@allencarr.com
Site Web : www.allencarr.com

Brighton
Tel : 0800 028 7257
Thérapeutes : John Dicey, Colleen Dwyer, Emma Hudson, Sam Carroll
E-mail : info@allencarr.com
Site Web : www.allencarr.com

Bristol
Tel : +44 (0) 117 950 1441
Thérapeute : David Key
E-mail : stop@easywaysouthwest.com
Site Web : www.allencarr.com

Cambridge
Tel : 020 8944 7761
Thérapeutes : Emma Hudson, Sam Bonner
E-mail : mail@allencarr.com
Site Web : www.allencarr.com

Cardiff
Tel : +44 (0) 117 950 1441
Thérapeute : David Key
E-mail : stop@easywaysouthwest.com
Site Web : www.allencarr.com

Colchester
Tel : 01621 819 812
Thérapeute : Lynton Humphries
E-mail : contact@easywaylynton.com
Site Web : www.allencarr.com

Coventry
Tel : 0800 321 3007
Thérapeute : Rob Fielding
E-mail : info@easywaycoventry.co.uk
Site Web : www.allencarr.com

Crewe
Tel : +44 (0) 12 706 641
Thérapeute : Debbie Brewer-West
E-mail : debbie@easyway2stopsmoking.co.uk
Site Web : www.allencarr.com

Cumbria
Tel : 0800 077 6187
Thérapeute : Mark Keen
E-mail : mark@easywaycumbria.co.uk
Site Web : www.allencarr.com

Derby
Tel : +44 (0) 12 706 641
Thérapeute : Debbie Brewer-West
E-mail : debbie@easyway2stopsmoking.co.uk
Site Web : www.allencarr.com

Exeter
Tel : +44 (0) 117 950 1441
Thérapeute : David Key
E-mail : stop@easywaysouthwest.com
Site Web : www.allencarr.com

Guernesey
Tel : 0800 077 6187
Thérapeute : Mark Keen
E-mail : mark@easywaylancashire.co.uk
Site Web : www.allencarr.com

Ipswich
Tel : 01621 819 812
Thérapeute : Lynton Humphries
E-mail : contact@easywaylynton.com
Site Web : www.allencarr.com

Île de Man
Tel : 0800 077 6187
Thérapeute : Mark Keen
E-mail : mark@easywaylancashire.co.uk
Site Web : www.allencarr.com

Jersey
Tel : 0800 077 6187
Thérapeute : Mark Keen
E-mail : mark@easywaylancashire.co.uk
Site Web : www.allencarr.com

Kent
Tel : 0800 028 7257
Thérapeutes : John Dicey, Colleen Dwyer, Emma Hudson, Sam Carroll
E-mail : info@allencarr.com
Site Web : www.allencarr.com

Lancashire
Tel : 0800 077 6187
Thérapeute : Mark Keen
E-mail : mark@easywaylancashire.co.uk
Site Web : www.allencarr.com

Leeds
Tel : 0800 077 6187
Thérapeute : Mark Keen
E-mail : mark@easywaylancashire.co.uk
Site Web : www.allencarr.com

Leicester
Tel : 0800 321 3007
Thérapeute : Rob Fielding
E-mail : info@easywayleicester.co.uk
Site Web : www.allencarr.com

Lincoln
Tel : 0800 321 3007
Thérapeute : Rob Fielding
E-mail : info@easywayleicester.co.uk
Website : www.allencarr.com

Liverpool
Tel : 0800 077 6187
Thérapeute : Mark Keen
E-mail : mark@easywayliverpool.co.uk
Site Web : www.allencarr.com

Manchester
Tel : 0800 077 6187
Thérapeute : Mark Keen
E-mail : mark@easywaylancashire.co.uk
Site Web : www.allencarr.com

Manchester – séances addiction à l'alcool
Tel : 07936 712 942
Thérapeute : Mike Connolly
E-mail : info@stopdrinkingnorth.co.uk
Site Web : www.allencarr.com

Milton Keynes
Tel : 020 8944 7761
Thérapeutes : Emma Hudson, Sam Bonner
E-mail : mail@allencarr.com
Site Web : www.allencarr.com

Newcastle/North East
Tel : 0800 077 6187
Thérapeute : Mark Keen
E-mail : info@easywaynortheast.co.uk
Site Web : www.allencarr.com

Nottingham
Tel : +44 (0) 12 706 641
Thérapeute : Debbie Brewer-West
E-mail : debbie@easyway2stopsmoking.co.uk
Site Web : www.allencarr.com

Oxford
Tel : 020 8944 7761
Thérapeutes : Emma Hudson, Sam Bonner
E-mail : mail@allencarr.com
Site Web : www.allencarr.com

Reading
Tel : 0800 028 7257
Thérapeutes : John Dicey, Colleen Dwyer, Emma Hudson, Sam Carroll
E-mail : info@allencarr.com
Site Web : www.allencarr.com

ÉCOSSE

Glasgow et Édimbourg
Tel : +44 (0) 131 449 7858
Thérapeutes : Paul Melvin et Jim McCreadie
E-mail : info@easywayscotland.co.uk
Site Web : www.allencarr.com

Sheffield
Tel : 01924 830 768
Thérapeute : Joseph Spencer
E-mail : joseph@easywaysheffield.co.uk
Site Web : www.allencarr.com

Shrewsbury
Tel : +44 (0) 12 706 641
Thérapeute : Debbie Brewer-West
E-mail : debbie@easyway2stopsmoking.co.uk
Site Web : www.allencarr.com

Southampton
Tel : 0800 028 7257
Thérapeutes : John Dicey, Colleen Dwyer, Emma Hudson, Sam Carroll
E-mail : info@allencarr.com
Site Web : www.allencarr.com

Southport
Tel : 0800 077 6187
Thérapeute : Mark Keen
E-mail : mark@easywaylancashire.co.uk
Site Web : www.allencarr.com

Staines/Heathrow
Tel : 0800 028 7257
Thérapeutes : John Dicey, Colleen Dwyer, Emma Hudson, Sam Carroll
E-mail : info@allencarr.com
Site Web : www.allencarr.com

Stevenage
Tel : 020 8944 7761
Thérapeutes : Emma Hudson, Sam Bonner
E-mail : mail@allencarr.com
Site Web : www.allencarr.com

Stoke
Tel : +44 (0) 12 706 641
Thérapeute : Debbie Brewer-West
E-mail : debbie@easyway2stopsmoking.co.uk
Site Web : www.allencarr.com

Surrey
Park House, 14 Pepys Road, Raynes Park, London SW20 8NH
Tel : 020 8944 7761
Fax : 020 8944 8619
Thérapeutes : John Dicey, Colleen Dwyer, Crispin Hay, Emma Hudson, Rob Fielding, Sam Carroll
E-mail : mail@allencarr.com
Site Web : www.allencarr.com

Swindon
Tel : 0117 950 1441
Thérapeute : David Key
E-mail : stopsmoking@easywaysouthwest.co.uk
Site Web : www.allencarr.com

Telford
Tel : 01270 664 176
Thérapeute : Debbie Brewer-West
E-mail : debbie@easyway2stopsmoking.co.uk
Site Web : www.allencarr.com

Watford
Tel : 020 8944 7761
Thérapeutes : Emma Hudson, Sam Bonner
E-mail : mail@allencarr.com
Site Web : www.allencarr.com

CENTRES DANS LE MONDE

AFRIQUE DU SUD
Séances partout en Afrique du Sud
Numéro national de réservation : 0861 100 200
Head Office : 15 Draper Square, Draper St, Claremont 7708, Cape Town
Cape Town : Dr Charles Nel
Tel : +27 (0) 218 515 883
Mobile : 083 600 5555
Thérapeutes : Dr Charles Nel, Malcolm Robinson et son équipe
E-mail : easyway@allencarr.co.za
Site Web : www.allencarr.com

ALLEMAGNE
Séances partout en Allemagne
Numéro vert gratuit : 08000RAUCHEN (0800 07282436)
Tel : +49 (0) 80 319 019-0
Thérapeute : Erich Kellermann et son équipe
E-mail : info@allen-carr.de
Site Web : www.allencarr.com

AUSTRALIE
Queensland
Tel : 1 300 848 028
Thérapeute : Natalie Clays
E-mail : natalie@allencarr.com.au
Site Web : www.allencarr.com

Territoire du Nord – Darwin
Tel : 1300 55 78 01
Thérapeutes : Dianne Fisher et Natalie Clays
E-mail : wa@allencarr.com.au
Website : www.allencarr.com

Nouvelle-Galles du Sud, Sydney, A.C.T.
Tel & Fax : 1 300 848 028
Thérapeute : Natalie Clays
E-mail : natalie@allencarr.com.au
Site Web : www.allencarr.com

Australie-Méridionale – Adelaide
Tel : 1 300 848 028
Thérapeute : Jaime Reed
E-mail : sa@allencarr.au
Site Web : www.allencarr.com

Victoria
Tel : +61 (0) 398 948 866 or 1 300 790 565
Thérapeute : Gail Morris
E-mail : vic@allencarr.com.au
Site Web : www.allencarr.com

Australie-Occidentale – Perth
Tel : 1300 55 78 01
Thérapeute : Dianne Fisher
E-mail : wa@allencarr.com.au
Site Web : www.allencarr.com

AUTRICHE
Séances partout en Autriche
Freephone : 0800RAUCHEN (0800 7 282 436)
Tel : +43 (0) 35 124 475
Thérapeute : Erich Kellermann et son équipe
E-mail : info@allen-carr.at
Site Web : www.allencarr.com

BELGIQUE
Anvers
Tel : +32 (0) 32 816 255
Fax : +32 (0) 37 440 608
Thérapeute : Dirk Nielandt
E-mail : info@allencarr.be
Site Web : www.allencarr.com

BRÉSIL
São Paolo
Thérapeutes : Alberto Steinberg & Lilian Brunstein
E-mail : contato@easywaysp.com.br
Tel Lilian – (55) (11) 99456-0153
Tel Alberto – (55) (11) 99325-6514
Site Web : www.allencarr.com

BULGARIE
Tel : 0800 14 104/+ 359 899 88 99 07
Thérapeute : Rumyana Kostadinova
E-mail : rk@nepushaveche.com
Site Web : www.allencarr.com

CANADA
Toll free : +1-866 666 4299 / +1 905 849 7736
Thérapeute anglais : Damian O'Hara
Thérapeute français : Réjean Bélanger
Séminaires réguliers à Toronto, Vancouver et Montréal
Programmes dédiés aux entreprises disponibles dans tout le Canada
E-mail : info@theeasywaytostopsmoking.com
Site Web : www.allencarr.com

CHILI
Tel : +56 24 744
Thérapeute : Claudia Sarmiento
E-mail : contacto@allencarr.cl
Site Web : www.allencarr.com

COLOMBIE
Bogotá
Thérapeute : Felipe Saint Echeverri
Tel : + 573 158
E-mail : info@nomascigarillos.com
Site Web : www.allencarr.com

CORÉE DU SUD
Séoul
Tel : +82 (0) 7 042 271 862
Thérapeute : Yousung Cha
E-mail : yscha08@gmail.com
Site Web : www.allencarr.com

DANEMARK
Séances dans tout le Danemark
Tel : + 457 026
Thérapeute : Mette Fonss
E-mail : mette@easyway.dk
Site Web : www.allencarr.com

ÉQUATEUR
Tel & Fax : +593 (0) 22 820 920
Thérapeute : Ingrid Wittich
E-mail : toisan@pi.pro.ec
Site Web : www.allencarr.com

ESPAGNE
Madrid
Tel : +34 916 296
Thérapeute : Lola Camacho
E-mail : info@dejardefumar.org
Site Web : www.allencarr.com

ESTONIE
Tel : +3 727 330 044
Thérapeute : Henry Jakobson
E-mail : info@allencarr.ee
Site Web : www.allencarr.com

ÉTATS-UNIS
Informations et réservations :
Toll free : 1 866 666 4299 / New York : 212 – 3 309 194
E-mail : info@theeasywaytostopsmoking.com
Site Web : www.allencarr.com
Séminaires réguliers à New York, Los Angeles, Denver et Houston
Programmes d'entreprise partout aux États-Unis
Adresse postale : 1133 Broadway, Suite 706, New York, NY 10010
Thérapeutes : Damian O'Hara, Collene Curran, David Skeist

FINLANDE
Tel : +358 – (0) 453 544
Thérapeute : Janne Ström
E-mail : info@allencarr.fi
Site Web : www.allencarr.com

GRÈCE
Séances partout en Grèce
Tel : + 302 105 224
Thérapeute : Panos Tzouras
E-mail : panos@allencarr.gr
Site Web : www.allencarr.com

GUATEMALA
Tel : +50 223 620 000
Thérapeute : Michelle Binford
E-mail : bienvenid@dejedefumarfacil.com
Site Web : www.allencarr.com

HONG KONG
E-mail : info@easywayhongkong.com
Site Web : www.allencarr.com

HONGRIE
Séminaires à Budapest et dans 12 autres villes hongroises
Tel : 06 80 624 426 (freephone) or +36 205 809 244
Thérapeutes : Gabor Szasz et Gyorgy Domjan
E-mail : szasz.gabor@allencarr.hu
Site Web : www.allencarr.com

INDE
Bangalore & Chennai
Tel : +91 (0) 804 160
Thérapeute : Suresh Shottam
E-mail : info@easywaytostopsmoking.co.in
Site Web : www.allencarr.com

IRLANDE
Dublin et Cork
Lo-Call (From ROI) 1 890 ESYWAY (37 99 29)
Tel : +353 (0) 1 499 9010 (4 lines)
Thérapeutes : Brenda Sweeney et son équipe
E-mail : info@allencarr.ie
Site Web : www.allencarr.com

ISLANDE
Reykjavík
Tel : +3 545 887 060
Thérapeute : Petur Einarsson
E-mail : easyway@easyway.is
Site Web : www.allencarr.com

ISRAËL
Séances dans tout le pays
Tel : +972 (0) 36 212
Thérapeutes : Ramy Romanovsky, Orit Rozen, Kinneret Triffon
E-mail l : info@allencarr.co.il
Site Web : www.allencarr.com

ITALIE
Séances partout en Italie
Tel/Fax : +39 (0) 270 602 438
Thérapeutes : Francesca Cesati et son équipe
E-mail : info@easywayitalia.com
Site Web : www.allencarr.com

JAPON
Sessions partout au Japon
www.allencarr.com

LIBAN
Tel/Fax : +961 1 791 5565
Mob : +961 767 895
Thérapeute : Sadek El-Assaad
E-mail : stopsmoking@allencarr.com.lb
Site Web : www.allencarr.com

LITHUANIE
Tel : +3 706 942 959
Thérapeute : Evaldas Zvirblis
E-mail : info@mestirukyti.eu
Site Web : www.allencarr.com

MAURICE
Tel : +23 057 275 103
Thérapeute : Heidi Hoareau
E-mail : info@allencarr.mu
Site Web : www.allencarr.com

MEXIQUE
Séances partout au Mexique
Tel : +52 5 526 230 631
Thérapeutes : Jorge Davo et Mario Campuzano Otero
E-mail : info@allencarr-mexico.com
Site Web : www.allencarr.com

NOUVELLE-ZÉLANDE
Île du Nord – Auckland
Tel : +64 (0) 98 175 396
Thérapeute : Vickie Macrae
E-mail : vickie@easywaynz.co.nz
Site Web : www.allencarr.com

Île du Sud – Christchurch
Tel : 0800 327 992
Thérapeute : Laurence Cooke
E-mail : laurence@easywaysouthisland.co.nz
Site Web : www.allencarr.com

NORVÈGE
Oslo
Tel : +47 93 20 09 11
Thérapeute : René Adde
E-mail : post@easyway-norge.no
Site Web : www.allencarr.com

PAYS-BAS
Séances partout aux Pays-Bas
Allen Carr's Easyway 'stoppen met roken'
Tel : (+31) 53 478 43 62/(+31) 900 786 77 37
E-mail : info@allencarr.nl
Site Web : www.allencarr.com

PÉROU
Lima
Tel : +5 116 377 310
Thérapeute : Luis Loranca
E-mail : lloranca@dejardefumaraltoque.com
Site Web : www.allencarr.com

POLOGNE
Séances partout en Pologne
Tel : +48 (0) 22 621 36 11
Thérapeute : Anna Kabat
E-mail : info@allen-carr.pl
Site Web : www.allencarr.com

PORTUGAL
Porto
Tel : +351 229 958
Thérapeute : Ria Slof
E-mail : info@comodeixardefumar.com
Site Web : www.allencarr.com

RÉPUBLIQUE TCHÈQUE
Site Web : www.allencarr.com

ROUMANIE
Tel : +40 (0) 7321 38 383
Thérapeute : Diana Vasiliu
E-mail : raspunsuri@allencarr.ro
Site Web : www.allencarr.com

RUSSIE
Moscou
Tel : +7 495 644 64 26
Thérapeute : Alexander Formin
E-mail : info@allencarr.ru
Site Web : www.allencarr.com

Crimée
Simferopol
Tel : + 380 957 818 180
Thérapeute : Yuriy Zhvakolyuk
E-mail : zhvakolyuk@gmail.com
Site Web : www.allencarr.com

Saint-Pétersbourg
Site Web : www.allencarr.com

SERBIE
Belgrade
Tel : +381 (0) 113 088 686
E-mail : office@allencarr.co.rs
Site Web : www.allencarr.com

SINGAPOUR
Tel : +6 563 299 660
Thérapeute : Pam Oei
E-mail : pam@allencarr.com.sg
Site Web : www.allencarr.com

SLOVAQUIE
Site Web : www.allencarr.com

SLOVÉNIE
Tel : 00386 (0) 40 77 61 77
Thérapeute : Grega Server
E-mail : easyway@easyway.si
Site Web : www.allencarr.com

SUÈDE
Tel : +46 706 956 850
Thérapeutes : Nina Ljungqvist, Renée Johansson
E-mail : info@easyway.nu
Site Web : www.allencarr.com

SUISSE
Séances partout en Suisse
Numéro vert gratuit : 0800RAUCHEN
(0800/728 2436)
Tel : +41 (0) 523 833 773
Fax : +41 (0) 523 833
Thérapeutes : Cyrill Argast et son équipe
Séances en Suisse romande et Suisse italienne :
Tel : 0800 386 387
E-mail : info@allen-carr.ch
Site Web : www.allencarr.com

TURQUIE
Séances partout en Turquie
Tel : + 902 123 585 307
Thérapeute : Emre Ustunucar
E-mail : info@allencarrturkiye.com
Site Web : www.allencarr.com

UKRAINE
Kiev
Tel : + 380 443 532 934
Thérapeute : Kirill Stekhin
E-mail : kirill@allencarr.kiev.ua
Site Web : www.allencarr.com

Composition et mise en pages
Nord Compo à Villeneuve-d'Ascq

Imprimé en Espagne par
Liberdúplex
à Sant Llorenç d'Hortons (Barcelone)
en février 2018

POCKET – 12, avenue d'Italie – 75627 Paris Cedex 13